Mechthild Bülow

Mind the Gap!

Mechthild Bülow

Mind the Gap!

Ihr Kompass für
effektive Konfliktlösungen
im Geschäftsalltag

Bibliografische Information Der Deutschen Bibliothek
Die Deutsche Bibliothek verzeichnet diese Publikation in der Deutschen
Nationalbibliografie; detaillierte bibliografische Daten sind im Internet über
<http://dnb.ddb.de> abrufbar.

1. Auflage 2005

Alle Rechte vorbehalten
© Betriebswirtschaftlicher Verlag Dr. Th. Gabler/GWV Fachverlage GmbH,
Wiesbaden 2005

Lektorat: Ulrike M. Vetter

Der Gabler Verlag ist ein Unternehmen von Springer Science+Business Media.
www.gabler.de

Das Werk einschließlich aller seiner Teile ist urheberrechtlich geschützt. Jede Verwertung außerhalb der engen Grenzen des Urheberrechtsgesetzes ist ohne Zustimmung des Verlags unzulässig und strafbar. Das gilt insbesondere für Vervielfältigungen, Übersetzungen, Mikroverfilmungen und die Einspeicherung und Verarbeitung in elektronischen Systemen.

Die Wiedergabe von Gebrauchsnamen, Handelsnamen, Warenbezeichnungen usw. in diesem Werk berechtigt auch ohne besondere Kennzeichnung nicht zu der Annahme, dass solche Namen im Sinne der Warenzeichen- und Markenschutz-Gesetzgebung als frei zu betrachten wären und daher von jedermann benutzt werden dürften.

Umschlaggestaltung: Nina Faber de.sign, Wiesbaden
Druck und buchbinderische Verarbeitung: Wilhelm & Adam, Heusenstamm
Gedruckt auf säurefreiem und chlorfrei gebleichtem Papier
Printed in Germany

ISBN 3-409-14281-9

Vorwort

Wie alt werden Sie sein, bis Sie es geschafft haben, positiv und effektiv mit sich selbst und anderen zu kommunizieren? Genauso alt, wie wenn Sie es nie versuchen!

Wozu habe ich dieses Buch geschrieben?

Als Anleitung für Manager, ihre Kommunikation selbst in die Hand zu nehmen – mit der eigenen Person und den Menschen im beruflichen Umfeld. Selbsterkenntnis ist die Basis jeder erfolgreichen Konfliktlösung. Ich persönlich hätte im Laufe meiner Karriere als Managerin gern einen Wegweiser gehabt, der mir gezeigt hätte, welche Bereiche meiner Person und meines Lebens ich eingehender beleuchten muss, um tägliche Konflikte im Berufsleben dauerhaft zu lösen. Jeder Manager in einem Unternehmen weiß, wovon ich rede: Die Anforderungen an eine Führungskraft im Alltag sind enorm, das Tempo ist oft mörderisch. Das Privatleben kommt generell zu kurz. Insgesamt verlieren wir uns selbst aus dem Blick. Was uns Kraft gibt und wie wir sie mobilisieren können, zeigt meine Anleitung zum Selbstcoaching.

Als Quelle von Ressourcen. In diesen Zeiten, da schlimmstenfalls der Job auf dem Prüfstand steht oder ein beruflicher Richtungswechsel unausweichlich ist, gilt es vor allem, auf die eigene Persönlichkeit zurückzugreifen. Hinweise darauf, welche Ressourcen das sind und wie sich diese zum persönlichen und beruflichen Vorteil anwenden lassen, liefert dieses Buch.

Wie können Führungskräfte in Wirtschaft und Politik dieses Buch für sich nutzen?

Als Kompass für effektive Kommunikation. Wir alle durchwandern in unserem Berufsleben Täler oder stehen vor Hindernissen („gaps"). Mit Hilfe des Kompasses finden wir heraus, wie dieses Hindernis zu überwinden ist. In der Regel sind es Signale von außen, die uns zeigen, dass etwas nicht stimmt. Unsere Mitarbeiter setzen uns Widerstand entgegen, unsere Chefs wollen unsere Vorschläge nicht hören, manchmal scheint sich auch die ganze Welt gegen uns verschworen zu haben. Wir ärgern uns an solchen Tagen. Nehmen wir den Ärger als Wegweiser. Zum Beispiel: „Ich hatte diese Idee schon vor drei Jahren – er hat sie jetzt umgesetzt." Hier zeigt unser Ärger, welchen Preis wir dafür gezahlt haben, die Verwirklichung unserer eigenen Idee aufzuschieben und nicht aktiv zu werden. Wenn wir unsere eigenen Ideen nicht umsetzen und ihre Realisierung vor uns herschieben, lohnt es sich, unser Ziel und unsere Vision einmal genauer in den Blick zu nehmen. Wohin wollen wir im Leben und was tun wir tatsächlich dafür?

Als Hilfe für Führungskräfte. Mein Kompass hilft Managern, an sich zu glauben, nicht primär daran, was andere zu sagen haben oder von ihnen halten: Die Welt war auch nie eine Scheibe, obwohl es eine Zeit gab, in der jeder davon überzeugt war und nur Einzelne sie als Kugel erkannten.

Als Vorbereitung auf berufliche Neuorientierung. Wenn Sie auf der Suche sind, hilft Ihnen dieses Buch, Ihr Kommunikationsverhalten sich selbst und anderen gegenüber zu reflektieren und in Zukunft noch erfolgreicher und zielführender zu kommunizieren.

Als Gebrauchsanweisung. In jedem Kapitel gibt es Wegweiser, die diese Orientierung erleichtern: eine Einführung, ein Beispiel, in dem sich Führungskräfte wiederfinden, Hintergrundinformationen und Vorschläge zu Lösungsstrategien. Für manche der beschriebenen Probleme gibt es keine Allheilmittel. Aber es gibt immer Mittel und Wege, um bei sich selbst Prozesse anzustoßen und herauszufinden, was uns auf dem Weg zur Lösung unterstützt. Die Übungen in den einzelnen Kapiteln zeigen diese Wege auf.

Was ist der Vorteil meines Ansatzes?

Architektur statt Archäologie. Dieses Buch ist nicht eine weitere Beschreibung von Methoden der Kommunikation. Mir geht es um die aktuellen Konflikte der Arbeitswelt. Wie gehen Manager strategisch vor, um handlungsorientierte Lösungen zu entwickeln: „Was kann ich in meiner schwierigen Situation selbst tun, um die Lage zu meinen Gunsten zu verändern und mich dabei gut zu fühlen?" Es geht nicht darum, „archäologisch" zu arbeiten, also sich mit der Analyse des eigenen Lebens oder vergangener Konflikte zu beschäftigen, sondern den Schutt wegzuräumen und ein privates und berufliches Haus zu bauen, in dem es sich zufrieden und erfolgreich leben lässt. Mein Ziel ist es, Führungskräfte erkennen zu lassen, was sie selbst tun können, um ihre persönlichen Ziele zu erreichen, wie sie überzeugend, konfliktfrei und damit effektiv agieren. Haben Sie Ihren persönlichen Ansatzpunkt gefunden, werden Sie beginnen, Ihre Konflikte zu lösen.

Der Kompass für effektive Kommunikation

... steuert Manager. Das Modell ist ein Wegweiser für die Kommunikation, mit dem sich Trennendes – the communication „gap" – überwinden lässt. Wenn sie ihre persönliche Richtung eingestellt haben, nehmen Führungskräfte Einfluss auf ihre Kommunikation. Sie bleiben nicht am Nordpol hängen, wo sie sich analog zum Kompass im Kreis drehen. Sie steuern zum Beispiel ihre persönliche Vision an, dann nach und nach andere Bereiche, die sich aus ihrer aktuellen Situation ergeben.

... deutet Signale. Das Modell ist die Gebrauchsanweisung für die Lösung eines aktuellen Problems. Dabei hilft das Inhaltsverzeichnis, das konkrete Signale beschreibt, die im Berufsleben auftreten und kurzfristig gelöst werden müssen. Ein Signal ist manchmal der Ärger über eine Situation. Ärger zeigt einen Weg auf. Hier gilt es, das Signal zu deuten und in einen Lösungsansatz zu übersetzen.

... bietet Lösungen. Tage, an denen Mitarbeiter oder Chefs richtig nerven, werden zum Beispiel genutzt, um an den eigenen Licht- und Schattenseiten zu arbeiten und damit ein Stück Unzufriedenheit über das Verhalten der Umgebung loszuwerden. Wenn Manager mit zu vielen Erwartungen konfrontiert werden und nicht recht wissen, ob und wie sie sie erfüllen sollen, sollten sie die Rollen anschauen, die sie gegenwärtig ausfüllen. Welche Rollen spielen sie und welche wollen sie wirklich spielen? Dann sind da die Tage, an denen sie angegriffen werden oder sich so fühlen. An diesen Tagen können sie sich konkret mit ihren eigenen Kommunikationsstrategien auseinander setzen, um mehr Klarheit darüber zu erlangen, wie sie anderen Menschen begegnen, wie ihre Umwelt auf sie reagiert und wo die Ursachen dafür liegen.

... dient der persönlichen Weiterentwicklung. Mit dem Kompass zur Kommunikation entwickeln Manager ihre Fähigkeiten zu kommunizieren und bekommen nach kürzester Zeit positives Feedback aus ihrer Umgebung. Dabei fühlen sie sich selbst besser und sehen klarer. Wenn Hindernisse, „gaps", auftauchen, erkennen Manager mit meinem Kompass, welche das sind, woher sie kommen und was sie tun können, um sie zu überwinden.

Danksagungen

Bei der Arbeit an diesem Buch haben mich einige Menschen unterstützt, denen ich an dieser Stelle danken möchte: Sandra Beauchamp, Susanne Greve, Hans-Henning Klose, Andrea Laar, Uschi Licht, Ulla Mies, Ludmilla Nobis, Agnes Rauch, Professor Klaus Siebenhaar und Pamela Stenzel. Viele Antworten auf Fragen, die sich mir beim Schreiben gestellt haben, sind im Dialog mit ihnen entstanden. Besonderen Dank schulde ich Sunniva Greve O'Neill, Dr. Christian Lorth, Regina Méry und Salka Schwarz für ihre kritischen Stellungnahmen und Anregungen zu „Mind the Gap!".

Mein Dank geht ebenso an meine Klienten und Seminarteilnehmer - Führungskräfte, von deren Erfahrungen ich profitieren durfte und die mir viele Ideen gegeben haben. Ulrike M. Vetter danke ich besonders herzlich für ihre Unterstützung bei der Entstehung dieses Buches.

Berlin, im April 2005 MECHTHILD BÜLOW

Inhalt

Vorwort 5

1. **Von Erwartungen überholt werden oder den eigenen Weg gehen?**
   Wie Sie Ihre persönliche Vision entwickeln, um diesen Konflikt zu lösen
   1.1 Einführung 15
   1.2 Ein Beispiel 16
   1.3 Das Thema: Den eigenen Standpunkt finden und damit Konflikte vermeiden 17
   1.4 Zum Hintergrund: Innenwelt vor Außenwelt – durch Entscheidungen Konflikte vermeiden 18
   1.5 Das Ziel: Innere Konflikte klären heißt, äußeren vorbeugen ... 19
   LEITSÄTZE 21
   1.6 Der Nutzen: Die aktuelle Situation als Impuls auf dem Weg zu sich selbst begreifen 22
   1.7 Die Strategie: Mit klarer Vision Konflikte vermeiden 23
   1.8 Übung 25

2. **Der Atlas der Seele**
   Wie Sie Gefühle als Wegweiser für Konfliktlösungen nutzen
   2.1 Einführung 27
   2.2 Ein Beispiel 28
   2.3 Das Thema: Eigenen Konfliktmustern auf die Spur kommen .. 30
   2.4 Zum Hintergrund: Archaische Muster bestimmen unser Handeln 31
   2.5 Das Ziel: Konflikte ansprechen – nur angesprochene Konflikte werden gelöst 31
   LEITSÄTZE 32
   2.6 Der Nutzen: Konstruktiver Umgang mit Gefühlen unterstützt Konfliktlösungen 33

2.7 Die Strategie: Den eigenen Standpunkt klären
und den Ärger loswerden 33
2.8 Übung 38
Exkurs: Rückzug als Thema von Frauen? 39

3. **Nur wer seinen eigenen Weg geht,
wird von niemandem überholt**
*Wie Sie Ihre Bedürfnisse klären
und damit Konflikte vermeiden*
3.1 Einführung 41
3.2 Ein Beispiel 42
3.3 Das Thema: Der Umgang mit unseren Bedürfnissen –
wie vermeiden wir Konflikte? 43
3.4 Zum Hintergrund: Warum Menschen handeln, wie sie handeln . 44
3.5 Das Ziel: Bedürfnisse erkennen und managen 47
LEITSÄTZE 48
3.6 Der Nutzen: Bedürfnisse sind Bausteine für unsere Ziele 49
3.7 Die Strategie: „Was brauchen wir?", statt:
„Was machen die anderen falsch?" 50
3.8 Übung 53

4. **„You spot it, you've got it!"**
*Wie Sie es schaffen, aus dem Verhalten anderer
für Ihr eigenes Konfliktverhalten lernen*
4.1 Einführung 57
4.2 Ein Beispiel 58
4.3 Das Thema: Das innere Betriebsklima verbessern 60
4.4 Zum Hintergrund: Mit guter Selbstklärung
Konflikte aus dem Weg räumen 61
4.5 Das Ziel: Eigene Motive und Ressourcen erkennen –
Konflikte lösen 63
LEITSÄTZE 65
4.6 Der Nutzen: Unsere Schattenseiten nicht als
Feinde betrachten, sondern als Verbündete nutzen 66
4.7 Die Strategie: See it and free it! 66
4.8 Übung 69

5. Von der Realität geleitet oder von der eigenen Idee?
Wie Sie Ihre Werte zur Konfliktlösung nutzen
- 5.1 Einführung 71
- 5.2 Ein Beispiel 72
- 5.3 Das Thema: Werte als Wert erkennen 73
- 5.4 Zum Hintergrund: Was sind Werte und wie wirken sie in Konflikten? 74
- 5.5 Das Ziel: Eigene Werte leben und Konflikte vermeiden 76
- LEITSÄTZE 78
- 5.6 Der Nutzen: Autonomie sichern in Konfliktsituationen 78
- 5.7 Die Strategie: Werte konfliktfrei kommunizieren 79
- 5.8 Übung 81

6. Wollen Sie etwas anderes? Tun Sie etwas anderes!
Wie Sie Ihre Ziele umsetzen und dabei Konflikte vermeiden
- 6.1 Einführung 83
- 6.2 Ein Beispiel 83
- 6.3 Das Thema: Das Fundament für die Zukunft legen und Entscheidungskonflikte bewältigen 85
- 6.4 Zum Hintergrund: Den eigenen Film neu drehen – das Material konfliktfrei nutzen 86
- 6.5 Das Ziel: Die Zukunft entwerfen – Ziele konfliktfrei entwickeln 87
- LEITSÄTZE 91
- 6.6 Der Nutzen: Von der Außensteuerung zur Eigensteuerung – der dritte Weg 92
- 6.7 Die Strategie: Das Projekt Veränderung planen und konstruktiv umsetzen 92
- 6.8 Übung 94

7. Das Neue kommt nur durch die Menschen in die Welt
Wie Sie effektiv führen und dabei Konflikte vermeiden
- 7.1 Einführung 95
- 7.2 Ein Beispiel 96
- 7.3 Das Thema: Eigene Konflikte vermeiden durch Selbstführung – konsequent mit sich selbst kongruent werden 97

7.4 Zum Hintergrund: Konfliktfrei führen –
    integer, angemessen, gewinnbringend für alle 99
7.5 Das Ziel: Konfliktfrei führen 102
    LEITSÄTZE 105
7.6 Der Nutzen: Kurs halten, als Manager und als Unternehmen .. 106
7.7 Die Strategie: Führungskonflikte vermeiden – selbst handeln! 106
7.8 Übung 108

8. Ohne Macht ist nichts zu machen?
Wie Sie Einfluss und Autorität konfliktmindernd nutzen
8.1 Einführung 111
8.2 Ein Beispiel 112
8.3 Das Thema: Macht als Peitsche oder als Zügel verwenden? .. 114
8.4 Zum Hintergrund: Macht, Status, Rang und ihre Vertreter 115
8.5 Das Ziel: Machtbeziehungen wahrnehmen und regeln 117
    LEITSÄTZE 119
8.6 Der Nutzen: Macht als Königsweg für
    verantwortungsvolles Handeln 120
8.7 Die Strategie: „Be without anxiety over imperfection"
    Exkurs: Macht und Politik 120
8.8 Übung 125

9. Einbahnstraße oder Zwei-Wege-Kommunikation?
Wie Sie richtig zuhören und damit Konflikte vermeiden
9.1 Einführung 127
9.2 Ein Beispiel 127
9.3 Das Thema: Punkte sammeln oder wirklich gewinnen? 129
9.4 Zum Hintergrund: Alle Ohren aktivieren, erfolgreich
    hören und verstehen 130
9.5 Das Ziel: Hören, was gesagt wird -
    verstehen, was gemeint ist 133
    LEITSÄTZE 134
9.6 Der Nutzen: Aktives Zuhören als Basis erfolgreicher
    Zusammenarbeit 136
9.7 Die Strategie: Dem Gesprächspartner zeigen, dass Sie
    ihn ernst nehmen 137
9.8 Übung 139

10. Es ist besser, eine Kerze anzuzünden, als die Dunkelheit zu verfluchen
Wie Sie für Gruppenkonflikte Ihre eigene Strategie finden

10.1	Einführung	143
10.2	Ein Beispiel	144
10.3	Das Thema: Den Sinn des Konflikts erkennen: Verantwortung für sich selbst und die Situation übernehmen	145
10.4	Zum Hintergrund: Gruppenkonflikte, ihre Ursachen und Auswirkungen	147
10.5	Das Ziel: Konkrete Vereinbarungen treffen, statt mit Annahmen leben	149
	LEITSÄTZE	150
10.6	Der Nutzen: Versöhnung mit uns selbst und unseren Gesprächspartnern	151
10.7	Die Strategie: Drei Schritte zur Konfliktlösung anwenden: Bewerten – Bearbeiten – Bewältigen	152
10.8	Übung	156

11. Toot your own horn!
Wie Sie persönlich überzeugen und damit Konflikte vermeiden

11.1	Einführung	159
11.2	Ein Beispiel	159
11.3	Das Thema: Eigene Ressourcen mobilisieren und kommunizieren	161
11.4	Zum Hintergrund: Sich selbst und andere verstehen und damit Missverständnisse vermeiden	162
11.5	Das Ziel: Den eigenen Mehrwert kommunizieren – Konflikte vermeiden	164
	LEITSÄTZE	164
11.6	Der Nutzen: Glaubwürdigkeit, Vertrauen und Verstehen erhöhen unseren Marktwert	165
11.7	Die Strategie: Die persönliche Präsentation verbessern und Konflikte erfolgreich vermeiden	166
11.8	Übung	171

12. Gut gemeint heißt nicht, besser gewusst
Wie Sie Konflikte erfolgreich im Dialog klären
- 12.1 Einführung ... 173
- 12.2 Ein Beispiel ... 174
- 12.3 Das Thema: Worte sind immer die stärkste Medizin – mit der eigenen Strategie Konfliktgespräche erfolgreich führen ... 175
- 12.4 Zum Hintergrund: Verantwortung für den Konflikt übernehmen und den Dialog steuern ... 177
- 12.5 Das Ziel: Die Lösung muss allen Parteien nutzen ... 180
- LEITSÄTZE ... 181
- 12.6 Der Nutzen: Dem Konflikt auf den Grund gehen: Verhaltensmuster erkennen und ein neues Fundament legen ... 182
- 12.7 Die Strategie: Be a light, not a judge, be a model, not a critic ... 183
- 12.8 Übung ... 187

13. Kulturelle Mysterien der Welt – sichtbar oder unsichtbar?
Wie Sie internationale Unterschiede erkennen und interkulturelle Konflikte bewältigen
- 13.1 Einführung ... 189
- 13.2 Ein Beispiel ... 190
- 13.3 Das Thema: Kulturelle Unterschiede erkennen und Konfliktpotenziale vermeiden ... 192
- 13.4 Zum Hintergrund: Was ist eigentlich Kultur und warum gibt sie Anlass zu Konflikten? ... 194
- 13.5 Das Ziel: Internationale Begegnungen in interkulturelle Erfolge verwandeln ... 197
- LEITSÄTZE ... 201
- 13.6 Der Nutzen: Mit kultureller Verständigung Konflikte vermeiden ... 202
- 13.7 Die Strategie: Die kulturelle Landkarte erweitern – Konflikte begrenzen ... 203
- 13.8 Übung ... 204

Literaturverzeichnis ... 207
Schlusswort ... 209
Die Autorin ... 211

1. Von Erwartungen überholt werden oder den eigenen Weg gehen?

Wie Sie Ihre persönliche Vision entwickeln, um diesen Konflikt zu lösen

1.1 Einführung

Geraten wir beruflich in Spannungsfelder, ist es immer entscheidend, unseren eigenen Standpunkt und unsere Vision vom Leben zu kennen. Wir bestimmen unsere Ziele und die Wege dorthin nur dann effektiv, wenn wir wissen, wo wir stehen und in welche Richtung wir gehen wollen. Was ist unsere Lebensperspektive? Wo klafft die Lücke zwischen dem, was wir tun wollen und dem, was wir tatsächlich tun? Die Kenntnis vom Gesamtbild unseres Lebens, die Klärung, ob und wie es mit unseren Werten und Fähigkeiten im Einklang steht, vermeidet viele Konflikte bei der Realisierung unserer konkreten Ziele.

Wir alle leben im Tunnel unserer Alltagserfahrungen. Wenn sich im Berufsleben Konflikte entwickeln, neigen wir dazu, diese als „Gepäck" mitzunehmen, sie in unser Privatleben zu transferieren und auch auf andere Menschen zu übertragen. Wir sind diesen Problemen manchmal so verhaftet, dass wir den Zugang zu unseren eigenen Wünschen nicht mehr finden. Wir entsprechen den Erwartungen unserer Umwelt, haben aber für uns selbst die Orientierung verloren. Wir wissen nicht, wohin wir uns wenden sollen. Kennen wir noch unser eigenes Ziel? Inwieweit steht es mit unserer persönlichen Vision vom Leben in Einklang? Wie können wir die aktuelle Situation in einem größeren Zusammenhang betrachten und damit Energie für eine neue Ausrichtung freisetzen? Aber auch: Wie kann die derzeitige Lage für uns nützlich sein und uns sogar unseren beruflichen und privaten Zielen näher bringen? Wie können wir unsere inneren Konflikte lösen und so Kontroversen mit der Außenwelt vorbeugen?

1.2 Ein Beispiel

Herr Kreisler ist seit zwei Jahren Abteilungsleiter Finanzen in einem internationalen Unternehmen in Deutschland. Er ist 40 Jahre alt, also für diese Position noch recht jung. Dennoch hat man ihm aufgrund seiner hohen Qualifikationen diese Führungsfunktion übertragen. Der Druck der Geschäftsleitung auf Herrn Kreisler ist seit Beginn seiner neuen Tätigkeit sehr hoch. Er hat jedoch in sehr kurzer Zeit seinen Chefs Konzepte für die weitere Arbeit vorgelegt und sie damit von seinem fachlichen Können überzeugt.

Seine Abteilung besteht aus zehn Mitarbeitern unterschiedlicher Altersstruktur und Befähigung. Einen Teil seines Stabes hat Herr Kreisler aus einem anderen Bereich des Unternehmens übernommen, sie bilden eine kleine eingeschworene Truppe von drei Mitarbeitern, ein Team im Team. Über sie ärgert sich Herr Kreisler, weil sie seine Arbeitsanweisungen ständig in Frage stellen und zu seinen Vorschlägen Gegenentwürfe präsentieren. Besonders gegen einen Mitarbeiter aus dieser Gruppe hat Herr Kreisler mittlerweile eine große Abneigung entwickelt. Er findet, dass dieser sich zu sehr in fachliche Details verstrickt, und schon ein paar Mal ist es zur offenen Auseinandersetzung zwischen beiden gekommen.

Die Zusammenarbeit mit den anderen Mitarbeitern verläuft insgesamt harmonisch. Herr Kreisler ist ein freundlicher Chef mit guten Umgangsformen, der für seine Mitarbeiter und ihre Belange ein offenes Ohr hat. Das Problem ist jedoch, dass er auch von diesen Mitarbeitern nicht die Arbeitsergebnisse in der Qualität erhält, wie er sie sich wünscht. Deshalb ist er dazu übergegangen, einen Großteil der strategischen Arbeit, also auch die Aufgaben der

Teilbereiche seiner Abteilung, selbst zu übernehmen. Das macht ihm grundsätzlich Freude, er stellt jedoch fest, dass er damit seinen Terminkalender mehr als belastet. Für seine koordinierenden Aufgaben sowie die erforderlichen Besprechungen mit anderen Abteilungen und mit seinem Chef bleibt ihm nicht genug Zeit.

Insgesamt fühlt sich Herr Kreisler nach zwei Jahren seiner Tätigkeit in dieser Funktion inhaltlich zu wenig gefordert: Er trägt sich gerade mit dem Gedanken, eine fachliche Zusatzqualifikation zu erwerben und möglicherweise einen Fernstudiengang zu belegen.

1.3 Das Thema: Den eigenen Standpunkt finden und damit Konflikte vermeiden

Dieses Beispiel zeigt, dass Herr Kreisler in seiner Funktion seine Fähigkeiten nicht hinreichend nutzen kann. Sein Wunsch nach inhaltlicher Arbeit wird in seinem Berufsleben zu wenig befriedigt. Was kann Herr Kreisler aus dieser Situation lernen? Er hat die Möglichkeit, in dieser Umbruchphase zunächst seine eigene Lebensaufgabe, seine Vision, zu entwickeln und dann diese Ressource zu mobilisieren.

Die Innenorientierung stärken

Dabei hilft ihm seine Orientierung nach innen – auf seine eigenen Fähigkeiten. Wichtig ist hier, der eigenen Wahrnehmung und den inneren Signalen zu vertrauen und ihnen zu folgen. Wenn wir diesen Weg verlassen, stoßen wir in der Regel auf Widerstände, und es kommt zu Konflikten mit der Außenwelt, wie sie sich in unserem Beispiel zeigen.

Die eigene Rolle klären

Genauso notwendig ist es, in diesem Zusammenhang die eigene Rolle zu klären. Wir müssen als Führungskräfte unsere Rollen und Aufgaben kennen und wissen, in welchem Umfang wir sie erfüllen wollen und sollen. Mit unserer Rolle sind hier die Erwartungen der Umwelt an uns und unsere Funktion gemeint. Ob wir unsere Rolle angemessen erfüllen, zeigt sich vor allem in Konfliktsituationen. Rollenerwartungen sollten immer im Einklang mit der eigenen Persönlichkeit stehen. Ist dies nicht möglich, weil unsere eigenen Ziele und Werte nicht mit den Erwartungen an unsere Rolle vereinbar sind, schaffen wir innere und äußere Konflikte.

1.4 Zum Hintergrund: Innenwelt vor Außenwelt – durch Entscheidungen Konflikte vermeiden

Wir haben in unserem Berufsleben immer mehrere Möglichkeiten, stehen jedoch irgendwann vor der Grundsatzfrage: Wollen wir uns in erster Linie fachlich weiterentwickeln oder wollen wir in der Hierarchie aufsteigen? Beides zugleich ist – jedenfalls in Unternehmen – schwer möglich. Hier ist die klare Entscheidung wichtig, wenn wir innere Konflikte vermeiden wollen. Wollen wir jedoch beide Möglichkeiten offen halten und ausleben, werden sich diese letztlich neutralisieren und für uns persönlich keinen Gewinn bringen. Wir haben dann zwar in den Augen der Außenwelt alles erreicht, sind aber dennoch unzufrieden.

Es droht Entfremdung, wenn wir den Kontakt zu unserer Innenwelt verlieren und ausschließlich die Werte und Maßstäbe unserer Umgebung übernehmen. Wir wissen nicht mehr, was wir wirklich wollen. Die Werte, die uns in Unternehmen angeboten werden, sind in der Regel Anpassung, Kontrolle, Disziplin und Leistung. Die Folge eines persönlichen Entfremdungsprozesses ist Abhängigkeit: Wir verlassen uns nicht mehr in erster Linie auf uns selbst, vertrauen nicht mehr unseren eigenen Bedürfnissen. Wir brauchen klare Verhaltensregeln von außen. Äußeren Halt geben uns dann Zustimmung oder Ablehnung für „richtiges" oder „falsches" Verhalten. Die Folge ist: Der entscheidende Wert der Natur: Befriedigung = Entspannung = Lust geht uns damit als Erfahrung nach und nach verloren und muss durch die äußeren Werte ersetzt werden: Macht und Ruhm sind nur einige davon. Je weniger und je schlechter unsere Innenwelt befriedigt wird, umso größer der Druck, hier Ersatzwerte im Außen zu schaffen.

Wollen wir diesen Konflikt vermeiden, heißt es hier Verantwortung zu übernehmen, für das, was wirklich in uns steckt. Die Art und Weise, in der wir dieses Wissen nutzbar machen, öffnet unser Bewusstsein für mehr persönliche Lebensqualität und weniger Konflikte. Es gilt: Alles Überflüssige weglassen, um das Wesentliche stärker zur Geltung zu bringen. Obwohl wir in Unternehmen starken funktionalen Zwängen ausgesetzt sind, schützen wir uns vor inneren Konflikten, wenn wir Kreativität im Hinblick auf die eigene Persönlichkeit bewahren.

Das heißt für uns, dass wir zunächst genauer die Aufgaben und Erwartungen klären, die unsere Rolle an uns stellt. Konkret im beruflichen Kontext: Welche Erwartungen hat mein Chef an mich? Welche Aufgaben machen meine Rolle aus? Wenn wir Mitarbeiter haben, müssen wir sie bei der Klärung ihrer eigenen Rolle unterstützen und unsere Erwartungen an sie deutlich ausdrücken.

1.5 Das Ziel: Innere Konflikte klären heißt, äußeren vorzubeugen

An Erwartungen wachsen: Der eigenen Berufung näherkommen

Wenn wir eine klare Perspektive einnehmen, arbeiten wir nicht am Problem, sondern an der Lösung. Indem wir unsere Kraftreserven mobilisieren, sind wir bereits auf dem Weg zu unserer Vision. Das, was wir in uns spüren, gewinnt an Bedeutung. Wir brauchen weniger von außen und von anderen Menschen. Das heißt, wir senken den Druck, den unsere Umwelt auf uns ausübt. Wir müssen weniger der Sichtweise anderer Menschen entsprechen, um größere Zufriedenheit zu erlangen, sondern geben uns diese Zufriedenheit mit unseren eigenen Ressourcen. Damit entwickeln wir eine klarere Vorstellung von unserer eigenen Lebensaufgabe. So reift langfristig unsere Persönlichkeit. Wir lernen zu verstehen, dass berufliche Konflikte – innere und äußere – genauso zum Leben gehören wie Zustimmung und Erfolg, aber mit Sicherheit einen größeren Lerneffekt für unser Leben haben.

Bezogen auf unser Beispiel heißt das: Für Herrn Kreisler stellt sich die Frage, ob er wirklich die Funktion innehat, die seinen Neigungen und Fähigkeiten entspricht. Kann und will er in Zukunft damit leben, seine Führungsfunktion auszufüllen. Oder fühlt er sich mit seinen fachlichen Fähigkeiten unterfordert, so dass er eine andere Tätigkeit finden muss.

Den „richtigen" Konflikt bearbeiten

Viele Konflikte in unserem Berufsleben sind eigentlich sekundär. Wir schieben sie vor und halten uns mit der Frage auf, wer gerade nach unserer Meinung wo etwas falsch macht. Das kann eine Zwischenstation sein auf dem Weg zum wahren Konflikt, der im Falle von Herrn Kreisler auch ein innerer ist: die noch ausstehende Entscheidung, ob er Fachkraft oder Führungskraft sein will. Diese Unentschlossenheit manifestiert sich in seinem konfliktträchtigen Verhältnis zu demjenigen Mitarbeiter, der in fachliche Details verliebt ist. Hier spricht einiges dafür, dass Herr Kreisler den Konflikt gewissermaßen ausgelagert hat. Er kritisiert an seinem Mitarbeiter genau das, was er sich selbst nicht in vollem Umfang zugesteht – die eingehende fachliche Arbeit. Nach Byron Katie gibt es drei Arten von Angelegenheiten: meine, deine und die gottgegebenen. Und es gibt Menschen, die ihren eigenen Konflikten entfliehen, indem sie sich vor allem um andere als ihre eigenen Angelegenheiten kümmern.

Die Verbreitung von Konflikten vermeiden

Innere Konflikte, wie hier im Falle von Herrn Kreisler die Frage, ob Fach- oder Führungskraft, wirken sich auf unser Verhältnis zu unseren Mitarbeitern aus. In unserem Beispiel akzeptieren Herr Kreislers Mitarbeiter seine Arbeitsanweisungen nicht, weil er sie in seiner Führungsrolle offenbar nicht überzeugt. Er schert aus seiner Rolle aus, indem er sich selbst stark in die fachliche Arbeit an Teilproblemen einbringt. So nimmt er seine Führungsfunktion nicht mehr ausreichend wahr und verunsichert seine Mitarbeiter, was zu Teamkonflikten führt.

Anerkennung geben – für die eigenen Fähigkeiten und die Fähigkeiten anderer

Wie kann Herr Kreisler seinen Konflikt mit dem fachlich detailverliebten Mitarbeiter lösen? Zum Beispiel durch Anerkennung. Zunächst für sich selbst. Die Anerkennung von Fähigkeiten, die er vernachlässigt hat. Wofür will er wirklich seine Energie einsetzen? Wo liegt die Diskrepanz zwischen dem, was er tut und dem, wofür er wirklich seine Energie einsetzen will?

Die einfachste Form der Anerkennung von Mitarbeitern heißt: „Danke". Dank ist eine sehr praktische und unmittelbare Form der Anerkennung, mit der wir unserer Umgebung – unseren Mitarbeitern – vermitteln, dass wir ihre Leistung schätzen, dass ihr Engagement für uns gewinnbringend ist und wir sie als Mitarbeiter und Persönlichkeit schätzen. Damit stärken wir auch uns als Manager. „Eine gute Handlung aus vollem Herzen loben, heißt in gewissem Sinne an ihr teilhaben". (F. La Rochefoucauld)

LEITSÄTZE

Look for meaning in maddening moments.

- Treffen Sie die Entscheidung, was Sie sein wollen: Fachkraft oder Führungskraft? Bleiben Sie dabei.

- Verbringen Sie Ihr Leben nur mit Dingen, die Sie wirklich tun wollen: Was inspiriert Sie? Was sind Ihre Bedürfnisse und Werte? Wo liegen Ihre Stärken und Talente? Was machen Sie „mit links"? Wofür schlägt Ihr Herz?

- Versetzen Sie sich in die Rolle Ihrer Konfliktpartner. Sehen Sie Verhaltensweisen, die Sie sich selbst nicht zugestehen?

- Arbeiten Sie an Ihrer Anerkennungskultur. Üben Sie, danke zu sagen. Wem wollen Sie in der kommenden Woche Ihre Anerkennung aussprechen und wie? Wie viele Personen können Sie identifizieren? Verdoppeln Sie die Zahl für die darauffolgende Woche.

1.6 Der Nutzen: Die aktuelle Situation als Impuls auf dem Weg zu sich selbst begreifen

Warum ist diese Erkenntnis wichtig? Wir erreichen damit eine neue Bewertung der Situation, auf deren Basis wir unsere eigenen Ressourcen entwickeln können. Also konzentrieren wir uns zuerst auf die Frage: Was haben wir bisher mit welchen Fähigkeiten geleistet? Zeigt uns das Problem selbst einen Sinn und Nutzen zum gegenwärtigen Zeitpunkt? Warum ist es hier und heute aufgetaucht und welche positiven Auswirkungen lassen sich daraus ableiten? Im Fall von Herrn Kreisler macht ihm sein Wunsch nach fachlicher Zusatzqualifikation klar, dass er seine vielseitigen Fähigkeiten in der Führungsfunktion nicht optimal einbringen kann.

Die Zusammenarbeit zwischen Chef und Mitarbeitern wird erst dann klar und störungsfrei verlaufen, wenn das Verständnis der Rollen und Aufgaben auf beiden Seiten übereinstimmt. Das ist nicht immer leicht, denn gerade in Konfliktsituationen sind wir oft hin- und hergerissen zwischen persönlichen Wünschen und Rollen, die wir erfüllen müssen.

Ein Perspektivwechsel gibt dem aktuellen Problem einen anderen Stellenwert im Lebenszusammenhang. Stellen wir uns vor, wir sind 75 Jahre alt, schauen zurück auf unsere Karriere und erinnern uns: Was erzählen wir dann unseren Enkeln?

Eigenverantwortliche Entscheidungen führen zur Berufung

Was wir dadurch gewinnen? Wir entwickeln unsere Fähigkeit zu eigenverantwortlichen Entscheidungen. Das hilft uns wiederum, unsere Vision als konkrete und positive Ziele zu formulieren. Wenn wir in dieser Weise in unserem Berufsleben Prioritäten setzen, werden wir auch im Alltag mit seinen zahlreiche Anforderungen Konzentration bewahren und Kurs auf unsere Vision halten. Hindernisse sind dabei natürlich unausweichlich. Einmal identifiziert, können sie jedoch in konkrete Maßnahmen umgesetzt werden, die Konflikte vermeiden.

Sich selbst und andere anerkennen – der Weg zur Konfliktvermeidung

Unsere Fähigkeit, Gefühle zu zeigen und auf Gefühle zu reagieren, ist besonders in unserem beruflichen Alltag oftmals verkümmert. Wir fragen uns vielleicht, ob wir das überhaupt wollen – Gefühle zeigen im Beruf. Je mehr wir uns selbst anerkennen, umso stärker sind wir im Einklang mit uns selbst und vermeiden innere Konflikte. Dann fällt es uns auch leicht, unseren Mitarbeitern zu sagen, dass wir uns über ihr Engagement freuen.

Wenn wir jedoch unsere persönliche Vision nicht ausreichend verwirklichen, darüber unglücklich sind und uns selbst und andere oft kritisieren, ist das ein Hinweis darauf, dass wir unsere Gefühle zu wenig ausdrücken. Wenn wir uns selbst mögen mit unserer Vision vom Leben, wenn wir echtes Verständnis für uns und die Menschen in unserer Umgebung haben, fällt es uns leichter, Gefühle auszudrücken und damit auch zu zeigen, dass wir uns selbst und andere anerkennen. Je mehr wir das schaffen, umso eher werden wir Konflikte vermeiden.

1.7 Die Strategie: Mit klarer Vision Konflikte vermeiden

Was können wir zur Erarbeitung unserer Lebensaufgabe tun? Ein gutes Mittel ist sicher, ein Bild von unserer Zukunft zu entwickeln und uns immer wieder vor Augen zu führen. Die Auswirkungen einer klaren Perspektive auf unsere Einstellung zu uns selbst und die Konflikte in unserer Umgebung werden dazu führen, dass wir unser Verhalten in problematischen Situationen verändern.

Eigene Konfliktmuster reflektieren

Hier ist es hilfreich, wenn wir zunächst ein Szenario entwickeln, um uns für das zu öffnen, was in uns ist. Haben wir ein Bewusstsein für unser

Dasein, im Sinne von „sein"? Wie beschreiben wir dieses Phänomen für uns selbst und welche Faktoren wirken darauf ein? Wie werden sich diese Kräfte entwickeln, und wie werden wir sie beeinflussen? Welche Handlungsoptionen leiten wir für uns persönlich daraus ab? Wie sehen wir uns? Was würden wir tun, wenn wir nur noch heute zu leben hätten? Mit wem sprechen? Wie? Was würden wir unseren Kollegen und Mitarbeitern geben? Wahrscheinlich Zeit und Respekt.

Im konkreten Konfliktfall mit Mitarbeitern kann uns ein innerer Rollentausch helfen. Wenn wir uns in sie hineinversetzen, nehmen wir damit Abstand von uns selbst. Dies kann der erste Schritt sein, damit wir uns selbst über unsere eigene Rolle klar werden.

Anerkennung aussprechen – sich selbst und anderen

Alle kennen wir die Geschichte von den Löchern im Schweizer Käse. Wir können unser Augenmerk auf die Löcher richten, auf das, was uns fehlt, oder auf die Substanz – also im Fall von Herrn Kreisler auf seine wahren Ressourcen, seine „Substanz". Mit dem Blick darauf wird es uns leichter fallen, unsere eigenen Fähigkeiten und Stärken wahrzunehmen.

Wenn wir uns selbst mehr Anerkennung geben wollen, ist eine Liste der Prioritäten, die wir für unser Selbst setzen, hilfreich. Betrachten Sie dazu die Lebensbereiche Beruf, Freizeit, Beziehungen, Gesundheit, Wohnen und Finanzen. Was sind Ihre drei Prioritäten im Leben? Wie integrieren sie diese Prioritäten regelmäßig in Ihren Alltag? Täglich? Wöchentlich? Monatlich?

Womit verbringen Sie Ihre Zeit? Füllen Sie ein Tortendiagramm mit Ihren Aktivitäten. Jedes Tortenstück sollte so groß sein wie der Anteil der Zeit, die Sie für Ihre Aktivität aufwenden (zum Beispiel Essen, Freunde, Partner, Kinder, Sport, Fernsehen, Arbeit, Hobbys). Malen Sie jetzt eine zweite Torte mit der Frage: Was würden Sie gern tun? Wofür wollen Sie in Zukunft Ihre Zeit aufwenden und wie viel?

1.8 Übung: Meine persönliche Vision

Diese Übung (nach Maren Fischer-Epe) können Sie auf unterschiedliche Art und Weise machen. Nehmen Sie sich dafür mindestens 30 Minuten Zeit. Sie können zum Beispiel einen Artikel über sich für eine Zeitung schreiben. Oder Sie nutzen die kommenden Tage, um aus Zeitschriften Bilder auszureißen oder zu schneiden, die Sie ansprechen und die auf irgendeine Weise etwas mit Ihnen zu tun haben. Setzen Sie aus diesen Bildern eine Collage zusammen, die das Bild Ihres Lebens symbolisiert. Sie können sich dabei von den folgenden Leitsätzen inspirieren lassen:

- Es ist von heute aus gesehen an einem Zeitpunkt in fünf Jahren.
- Sie sind fünf Jahre älter, und alles ist genauso geworden, wie Sie es sich gewünscht haben.
- Sie leben genauso, wie es für Sie stimmt.
- Sie tun genau das Richtige.
- Ihre Kräfte und Kompetenzen, Ihre Stärken und Potentiale sind voll entfaltet.
- Sie fühlen sich rundherum gut.

Nun schauen Sie sich um, hören Sie in Ihre Umgebung hinein und nehmen Sie die Atmosphäre wahr.

- Welche Szenen tauchen vor Ihrem geistigen Auge auf?
- Welche Farben und Bilder sehen Sie vor sich?
- Welche Geräusche und Gerüche nehmen Sie wahr?
- Welche Gefühle haben Sie?

- Wo wohnen und leben Sie jetzt?
- Mit welchen Menschen sind Sie zusammen?
- Was gibt Ihrem Leben Sinn?
- Welche Werte leiten Ihr Handeln?
- Wie hat sich Ihre berufliche Situation verändert?
- Woran arbeiten Sie?
- Mit wem?

- Wenn Sie an Ihr körperliches und seelisches Befinden denken – wie tanken Sie Energie?

- Wie pflegen und erhalten Sie Ihre Gesundheit und Ihre Leistungsfähigkeit?
- Was tun Sie dafür, dass Sie sich seelisch ausgeglichen fühlen?

Zur persönlichen Auswertung der Übung

Beantworten Sie für sich die folgenden Fragen:

- Über welche fünf Themen lesen Sie am liebsten, in der Zeitung oder in Büchern?
- Wo finden Sie diese Themen in Ihrer Collage wieder?
- Was sind Ihre fünf Lieblingsfilme?
- Welche Themen, Charaktere oder welche Atmosphäre tauchen davon in Ihrer Collage auf?

Bitte geben Sie Ihrer Collage einen Ehrenplatz, an dem sie täglich sichtbar ist. Ihre Collage zeigt Ihnen Ihre Vision und Ihren Weg. Sie unterstützt Sie dabei, beides nicht aus den Augen zu verlieren. Machen Sie sich in regelmäßigen Abständen, etwa jedes Jahr, ein neues Bild, und schauen Sie, was sich bei Ihnen verändert.

2. Der Atlas der Seele

Wie Sie Gefühle als Wegweiser
für Konfliktlösungen nutzen

2.1 Einführung

Es gibt untrügliche Signale, die wir bei Konflikten erleben – Anzeichen für uns, dass etwas nicht stimmt. Ein starkes Gefühl wie zum Beispiel Ärger kann ein solches Zeichen sein, dass wir verletzt worden sind oder dass unsere Bedürfnisse nicht angemessen befriedigt wurden. Ärger kann uns auch mitteilen, dass wir ein wichtiges emotionales Thema, das uns selbst angeht, gerade vernachlässigen.

In vielen problematischen Situationen unseres Berufslebens erfahren wir zuallererst Ärger. Wir fühlen uns ungerecht behandelt, sind nicht Herr – oder Frau – der Lage, haben Angst vor den Reaktionen unserer Gesprächspartner, vor Konsequenzen beruflicher Art. Was wiederum Reaktionen bei uns selbst auslöst. Wir fühlen uns hilf- und machtlos, distanzieren uns, entwickeln oft sogar Krankheitssymptome.

Manchmal geraten wir in einen ganz besonderen Zwiespalt. Wir neigen dazu, unsere Konflikte persönlich zu nehmen, sie zu einem Teil unserer selbst zu machen und damit sowohl unsere Person als auch unsere Lebensziele in Frage zu stellen. Wir verstricken uns so tief in unsere Konfliktthemen, dass wir den Zugang zu dem, was wir selbst eigentlich wollen, nicht mehr finden. Wir verlieren die Orientierung und wissen nicht, in welche Richtung wir uns wenden sollen: Kenne ich noch mein Ziel? Wieweit steht es mit meiner persönlichen Vision vom Leben in Einklang? Wie kann ich mein aktuelles Problem in einem größeren

Zusammenhang betrachten und damit Energie für eine neue Ausrichtung freisetzen? Wie kann mir die jetzige konfliktreiche Situation nutzen und mich meinen beruflichen und privaten Zielen näher bringen?

Bahnt sich ein Konflikt an, ist unser Ärger also akut, geht es uns zuerst meist darum, wer Recht hat. Dabei setzen wir fast immer voraus, dass wir es sind, die sich richtig verhalten haben. Die anderen haben Unrecht. Oft sind wir zudem fest davon überzeugt, dass unser Gegner nicht so „edel, hilfreich und gut" ist wie wir selbst – mit anderen Worten, wir betrachten uns als die Guten, unseren Gegner als „Bösewicht". Die Attacken sind dann wiederum mit großem Ärger verbunden, der uns immer tiefer in den Konflikt verstrickt. Dabei spielt das Bild, das wir von unserem Gegner haben, bald eine größere Rolle als die Realität. Dem Kontrahenten schreiben wir alle negativen Eigenschaften zu, über die wir uns immer schon geärgert haben und die wir natürlich selbst alle nicht besitzen. Werden wir als Person oder in unserem Selbstbild angegriffen, sinnen wir auf Rache. Der Übeltäter soll bestraft werden. Im Berufsleben kann die Bandbreite für diese Bestrafung vom Vorenthalten von Informationen über Ausgrenzung bis zum Mobbing reichen.

Gerade Frauen neigen dazu, Konflikte mit Kollegen, Mitarbeitern und Chefs sehr persönlich zu nehmen. Recht und Unrecht werden auf der Ebene des Konflikts häufig als richtig und falsch im Hinblick auf die eigene Person gedeutet. Selbstzweifel trüben den klaren Blick für die Situation. „Was stimmt mit mir nicht, dass ich in diesen Konflikt gerate?", statt: „Was stimmt in der Beziehung der Konfliktparteien nicht? Was ist das zugrunde liegende Problem?". Sich selbst anzuzweifeln, statt die Situation aus der Vogelperspektive zu betrachten, also Distanz und Übersicht zu gewinnen, trägt zur tieferen Verstrickung in den Konflikt und nicht zu seiner Lösung bei.

2.2 Ein Beispiel

Anne Grothe ist als Abteilungsleiterin in einer Agentur zuständig für Marketing. Sie ist für diese Position recht jung, erst Anfang 30, verfügt aber als Diplomatentochter über eine internationale Ausbildung, hervorragende Sprachkenntnisse in Englisch und

Französisch sowie ein sehr gewandtes Auftreten. Frau Grothe ist eine sehr schöne Frau, der man auch den Beruf des Models abnehmen würde. Früher hatte sie sehr kreative Hobbys: Sie entwarf und nähte ihre eigene Garderobe und war Meisterin im klassischen Tanz. Jetzt hat sie dafür, so findet sie, keine Zeit und Ruhe mehr.

In ihrer Agentur ist sie wieder einmal unglücklich. Dies ist schon der zweite Arbeitgeber, bei dem sie mit ähnlichen Problemen konfrontiert ist: Ihr Vorgesetzter schmückt sich zwar gern mit Frau Grothe und ihren Fähigkeiten, reagiert in persönlichen Gesprächen und Meetings aber verunsichert auf ihr Auftreten und ihre Eloquenz. Dies zeigt sich in seinen negativen Bemerkungen über ihr Äußeres und in offener Kritik an ihrer Arbeit, auch in Gegenwart von Kunden. Es ist schwer für Frau Grothe, ihren Ärger zurückzuhalten, im Interesse der guten Kundenbeziehungen hat sie sich aber entschlossen, die Äußerungen ihres Chefs nicht weiter zu kommentieren. Dennoch nagt der Verdruss über diese Situation an ihr, und sie macht gegenüber Kollegen ihrem Unmut häufig lautstark Luft.

Frau Grothe verfügt durch ihre Familie über sehr hochrangige Kontakte in politische und diplomatische Kreise, und sie nutzt diese Beziehungen aktiv für ihre Arbeit, allerdings oft, ohne ihren Chef einzubeziehen. Sie hält ihn für schlecht erzogen, ungeschickt gekleidet und nicht wirklich vorzeigbar. Zudem ist sie davon überzeugt, dass es mit seinen Fähigkeiten der Kontaktanbahnung und -pflege nicht weit her ist und dass sie das Arbeitsgebiet besser beherrscht als ihr Chef. Dafür sprechen ihre Umsätze.

Nach einem Jahr Arbeit für ihre Agentur hat Frau Grothe genug von dieser für sie sehr misslichen Situation. Sie bittet ihren Chef um die Kündigung. Genau dasselbe Szenario kennt Frau Grothe bereits von ihrem früheren Arbeitgeber, bei dem sie ebenfalls entnervt „das Handtuch geworfen hat". Sie versteht nicht, dass sich die Situation jetzt für sie wiederholt, und hadert mit ihrem Schicksal. Seit zwei Jahren überlegt sie immer wieder, wie es wäre, wenn sie sich mit einer eigenen Agentur selbständig machen würde – die Kontakte und Fachkenntnisse dafür hätte sie, bisher aber fehlt ihr dazu der Mut. Außerdem hat sich ihre Familie, auf deren Meinung Frau Grothe sehr viel Wert legt, strikt dagegen ausgesprochen: Ihre Eltern finden die Existenzform der Selbständigkeit viel zu unsicher, und ihre drei Brüder, alle Angestellte großer Unternehmen, warnen sie eindringlich vor einem solchen Schritt. Frau Grothe ist in einer Zwickmühle ...

2.3 Das Thema: Eigenen Konfliktmustern auf die Spur kommen

Was passiert in diesem Konflikt? Zunächst gibt es zwischen Frau Grothe und ihrem Chef offenbar gravierende Unterschiede, was ihren Rang, ihre Herkunft und ihre Geschlechtsspezifik angeht. Für die Konfliktparteien stehen viele Fragen im Raum: Wie unterscheide ich mich vom anderen? Wer ist wofür zuständig? Wer ist stärker und wer ist besser? Normalerweise werden in Unternehmen diese Fragen durch die Hierarchie beantwortet. Da das aber nicht immer vollständig geleistet werden kann, ist es umso wichtiger, dass Unterschiede zur Sprache kommen und zugelassen werden. Wird dies innerhalb eines Unternehmens vermieden, treten die Konflikte zumeist nach außen, zum Beispiel im Kontakt mit Kunden, auf. Der Sinn von Konflikten ist es daher, sie wahrzunehmen und konstruktiv zur Bearbeitung von Unterschieden zu nutzen.

Wenn es in der Hierarchie Unterschiede gibt, manifestieren sich diese häufig in Konkurrenzsituationen. Konkurrenz gehört zwar überall dazu, wo Arbeit geteilt wird. Aber wer etwas überdurchschnittlich gut kann, gefährdet die hierarchische Struktur – in unserem Beispiel zwischen Chef und Mitarbeiterin. Der Konflikt entsteht, weil Frau Grothes Chef ihre besonderen Fähigkeiten nicht anerkennt, sondern vielmehr sabotiert. Sie weicht vom System ab, weil sie ihre Arbeit besonders gut macht und damit seine Chefrolle in Frage stellt.

2.4 Zum Hintergrund: Archaische Muster bestimmen unser Handeln

Wie reagiert nun Frau Grothe in der aktuellen Situation? Sie versucht, den vorhandenen Konflikt durch Flucht zu lösen. Durch die Anfeindungen ihres Chefs tief gekränkt, entzieht sie sich dem Problem – ein archaisches Muster, in das wir alle von Zeit zu Zeit fallen, wenn der Stress besonders groß wird. Beim Gefühl von Bedrohung geben wir seit Anbeginn der Menschheit unser rationales Denken auf und handeln nur noch „aus dem Bauch heraus". Wenn wir in unserem Selbstwertgefühl tief getroffen sind, wenn andere uns einschränken und von der Realisierung unserer Ziele abhalten, werden wir aggressiv oder fliehen. Am wütendsten werden wir, wenn wir uns herabgesetzt fühlen; ziehen wir uns dann zurück, statt zu reagieren, überwiegen Trauer und Resignation.

Wie können wir dieses Muster durchbrechen? Zunächst einmal durch eine möglichst bewertungsfreie Analyse der Situation. Das ist nur möglich, wenn es uns gelingt, zunächst die Fragen nach dem Sachverhalt zu stellen: Verfügen wir über alle Informationen in diesem Konflikt? Handelt es sich überhaupt um einen Konflikt oder lediglich um ein Missverständnis, das durch den Austausch von Informationen beseitigt werden kann? Einen Konflikt erkennen wir unter anderem daran, dass jemand bei uns auf einen emotionalen Knopf drückt, zum Beispiel den „Ärgerknopf".

2.5 Das Ziel: Konflikte ansprechen – nur angesprochene Konflikte werden gelöst

Warum ist diese Auseinandersetzung mit dem eigenen Gefühl – hier dem Ärger – so wichtig? Zum einen, um die eigenen Konfliktmuster zu reflektieren, „Warum flüchte ich?" im Fall von Frau Grothe.

Aber auch, um zu erkennen, wie entscheidend es ist, Konflikte sofort bei ihrem Auftreten anzusprechen. Das Ergebnis eines nicht thematisierten Konflikts ist im Fall von Frau Grothe sehr deutlich: Sie zieht aus Ärger und Enttäuschung heraus eigene Konsequenzen, zunächst mit Nachteilen für sich selbst – sie will kündigen – statt den Konflikt da zu lösen, wo er auftritt, nämlich in der Agentur zwischen ihr und ihrem Chef.

Wenn sie sich entschließt, den Konflikt anzusprechen, wird sie Veränderungen ins Rollen bringen. Mit ihrer veränderten Haltung zwingt sie auch ihren Chef zu anderem Verhalten. Wenn ein Konfliktpartner das „Pendel" der Kommunikation in Bewegung bringt, wird es ganz automatisch auch auf der anderen Seite eine Bewegung geben. Indem sie ihren Konflikt anspricht, gibt Frau Grothe auch ihrem Chef die Chance, sich mit seinen eigenen Verhaltensweisen auseinander zu setzen.

Frau Grothe flieht nunmehr zum zweiten Mal vor den Problemen. Das wäre nicht nötig, wenn sie den Blick auf die Unterschiede zwischen sich und ihrem Chef richten würde, statt auf die Frage: Was macht er falsch?

Den Sinn des Problems erkennen

Konflikte haben immer einen Sinn. Frau Grothe kann die vorhandenen Unterschiede zwischen ihrer Person und ihrem Chef für sich nutzen, um ihre eigenen Konfliktmuster besser zu erkennen und aufzulösen. Nicht mehr die Flucht zu ergreifen, wenn es brenzlig wird und Schwierigkeiten auftauchen, sondern die Strategie wechseln.

LEITSÄTZE

- Sprechen Sie Konflikte an, wenn Sie sich ärgern.

- Reagieren Sie nicht sofort in Ihrer Ärgersituation: Nehmen Sie sich Zeit, um das Gesamtbild des Konflikts zu betrachten, für die Vogelperspektive.

- Klären Sie Ihren eigenen Standpunkt: Was genau macht mich wütend? Wo stehe ich? Was will ich erreichen? Wie sind die Verantwortlichkeiten verteilt? Was will ich genau ändern?

- Formulieren Sie „Ich"-Sätze.

- Keine Strategien „unter der Gürtellinie": Nicht beschuldigen, lächerlich machen, zynisch werden. Nicht den anderen „alt" aussehen lassen.

2.6 Der Nutzen: Konstruktiver Umgang mit Gefühlen unterstützt Konfliktlösungen

Emotionen geben uns Orientierung und helfen uns, neue Eindrücke zu bewerten. Entscheidend ist dabei unser limbisches System, in dem – für uns weitgehend unbewusst – körperliche Bedürfnisse, Affekte und Gefühle entstehen. Zu diesen Emotionen gesellt sich im Gehirn nach und nach die Ratio. Das heißt, das limbische System weiß, dass es in einer komplexen Situation die Großhirnrinde und damit unseren Verstand hinzuziehen muss. Das macht uns zu vernünftigen Menschen, die Situationen abwägen, statt ausschließlich impulsiv zu reagieren.

Gefühle machen also Gedanken, und unsere Gedanken entscheiden darüber, wie wir mit einem aktuellen Konflikt umgehen. Darin liegt ein Sinn von Konflikten überhaupt – sie konstruktiv zu nutzen zur Bearbeitung von Unterschieden zwischen Menschen.

2.7 Die Strategie: Den eigenen Standpunkt klären und den Ärger loswerden

Wie kommt Frau Grothe also da heraus? Oder: Was kann sie in dieser Situation tun? Im Moment hält Frau Grothe durch die Tatsache, dass sie ihre Probleme nicht anspricht, den Konflikt aufrecht. Ihr Chef hat keine Veranlassung, etwas zu verändern, und offenbar passiert das auch nicht. Den Ärger, den Frau Grothe gegenüber ihrem Chef unterdrückt, lässt sie bei ihren Kollegen heraus. Dieses Verhalten kommt gerade in Konflikten zwischen Chefs und Mitarbeitern auf der Ebene der Mitarbeiter nicht selten vor. Natürlich gehört Mut dazu, mit dem Chef etwas Unangenehmes zu besprechen.

Frau Grothe zeigt ihren Ärger im falschen Umfeld. Außerdem untergräbt sie ihr Selbstwertgefühl. Das, was sie selbst ausmacht – ihre Gedanken, Bedürfnisse und Wünsche – werden in der Konfliktsituation mit ihrem Chef nicht deutlich. Damit macht sie das Problem, was ihren Chef zumindest in gleicher Weise betrifft, zu ihrem eigenen. Sie denkt sogar über ihre Kündigung nach, um der unbefriedigenden Situation ganz zu entgehen. Natürlich macht es wenig Sinn, vor Kunden eine Diskussion anzufangen, aber Frau Grothe sollte nach dem „Angriff" das Vier-Augen-Gespräch mit ihrem Chef suchen, um genau das zu tun: Ihre Wünsche und Bedürfnisse an die Situation zu klären. Zum Beispiel: „Ich habe da eben in unserem Gespräch offene Kritik an meiner Arbeit gehört. Damit habe ich mich vor den Kunden ziemlich vorgeführt gefühlt. Ich nehme Ihre Kritik grundsätzlich gern an und bitte Sie, mir zu sagen, was ich Ihrer Meinung nach tun kann, um meine Arbeit zu verbessern. Ich möchte aber nicht, dass Sie diese Kritik an mir in Gegenwart von Kunden äußern."

Damit macht Frau Grothe deutlich, dass sie bereit ist, Kritik anzunehmen – aber dass sie nicht bereit ist, sich persönlich angreifen zu lassen. Sie selbst sollte es ausdrücklich vermeiden, ihren Chef anzugreifen: „Was fällt Ihnen ein, mich persönlich zu attackieren ...?" Stattdessen sollte sie bewusst „Ich-Aussagen" wählen. Damit erzielt sie drei Vorteile: Sie vertritt ihren eigenen Standpunkt und gibt sich selbst die Chance, ihren Ärger loszuwerden. Sie übernimmt Verantwortung für die Situation, das heißt, sie fühlt sich nicht mehr hilf- und machtlos. Und sie bringt den Konflikt auf den Weg der Lösung.

Der Konflikt und sein Lösungsansatz können so für das Unternehmen konstruktiv genutzt werden. Zum Beispiel kann Frau Grothe beim Gespräch mit ihrem Chef ausdrücklich darauf verweisen, welche Vorteile sie mit ihrer besonderen Arbeitsweise und ihren Kontakten dem Unternehmen bringt.

Das ist auch eine Herausforderung an Frau Grothes Chef. Manager müssen nicht alles selbst am besten können. Sie sollten dies aber als Tatsache akzeptieren und sich die Fähigkeiten ihrer Mitarbeiter zunutze machen – wie hier die besonderen Kommunikationsfähigkeiten und Kontakte von Frau Grothe – und vor allem nicht vergessen, dafür ihre Wertschätzung auszudrücken.

Unterschiede anerkennen –
die rationale Ebene des Konflikts

Die offenbar unterschiedliche Herkunft von Frau Grothe und ihrem Chef sowie der bei ihr eingeübte und bei ihm ungeübte Umgang mit verschiedenen Gesprächspartnern bergen Konfliktstoff. In einer solchen für das Berufsleben symptomatischen Situation ist es hilfreich, wenn wir andere Verhaltensweisen grundsätzlich akzeptieren. Am besten geht das natürlich, wenn der Betreffende auch unser Verhalten akzeptiert. Das kann er aber nur, wenn wir die Unterschiede offen legen und unseren eigenen Standpunkt klar vertreten. Sonst machen uns die Unterschiede im Verhalten anderer vor allem ärgerlich und führen zu Spannungen im Umgang miteinander. Wir lernen aber nur durch Unterschiede.

Wir alle sehen die Welt durch einen anderen Filter und schaffen damit so viele verschiedene Realitäten, wie es unterschiedliche Menschen gibt. Unsere Herkunft, unser Alter, unsere Religion und unser Platz in der Gesellschaft bestimmen zum Beispiel unsere Perspektive. Natürlich ist uns das auf der Ebene des Verstandes klar. Emotional jedoch ist es viel schwerer nachzuvollziehen. Da genügt oft schon eine geringfügige Stress-Situation, und wir verfallen in das Muster, unsere Umwelt zu prüfen, was sie gerade falsch macht und warum sie das tut.

Wir analysieren die Verhaltensweisen unseres Gegners und wissen natürlich schon bald, warum er so handelt, wie er handelt. Wir können problemlos aufzählen, was er richtig (meist nichts) und falsch (meist alles) macht.

Diese Polarisierung, in die wir vor allem unter Stress leicht hineingeraten, zielt nur auf unseren Konfliktpartner. Wir betrachten ihn so eingehend, dass wir dabei uns selbst aus dem Blick verlieren. In solchen Momenten sind wir nicht in der Lage, das Gesamtbild zu sehen, über Lösungsmöglichkeiten nachzudenken und vor allem unseren eigenen Anteil am Problem zu erkennen. Wichtig ist aber für uns die Frage: Wo liegen unsere eigenen Kompetenzen und Inkompetenzen?

Der Umgang mit starken Gefühlen – die emotionale Ebene des Konflikts

Ärger über eine Situation ist immer ein wichtiges Signal, auf das wir hören sollten. Ärger ist auch ein Wegweiser zu uns selbst. Er zeigt uns, dass wir ein wichtiges Lebensthema, das unsere Emotionen betrifft, nicht bearbeiten. Unser Ärger kann uns motivieren, „bis hierher und nicht weiter" zu sagen, was die Verhaltensweisen der Außenwelt betrifft. Er kann uns weisen, stärker in den Vordergrund zu stellen, was wir selbst eigentlich wollen.

Gerade für Frauen ist das im Beruf oft sehr schwierig. Wir sind nicht dazu erzogen, Ärger offen zu zeigen. Wir gelten, wenn wir unserem Ärger Luft machen, bei Kollegen und Chefs oft als irrational bis „hysterisch". Das heißt, schwer zu kontrollieren. Wenn wir „nett" sind, vermeiden wir Konflikte, wenn wir „zickig" sind, nimmt uns niemand ernst.

Im Fall von Frau Grothe ist ihr Ärger sicherlich der Hinweis darauf, dass sie tatsächlich ein Problem in der Kommunikation mit ihrem Chef hat, das sie dringend angehen muss. Indem sie ihren Ärger schluckt, vermeidet sie aber den offenen Konflikt und ganz sicher seine Lösung. Sie vermeidet jedoch auch ihren klaren Standpunkt: Was denkt sie und was fühlt sie eigentlich, wenn ihr Chef sie bei den Kunden derart vorführt? Mit ihrem Stillschweigen in der Situation schützt sie die Kundenbeziehungen – und ihren Chef. Je mehr sie das jedoch tut, umso mehr arbeitet der Ärger in ihr und führt zur Zuspitzung des Konflikts.

Wie geht man vor? Sicher macht es keinen Sinn, in der beschriebenen Situation vor Kunden Streit anzufangen. Ein ordentlicher Streit kann zwar die Fronten klären, sollte aber grundsätzlich zwischen denjenigen ausgefochten werden, die es angeht – ohne Dritte. Bei großem Ärger ist es besonders wichtig, zuerst das Problem zu überdenken und die eigene Position zu klären: Was genau macht mich ärgerlich? Worum geht es wirklich? Wo stehe ich? Was will ich erreichen? Wer ist verantwortlich wofür? Was will ich genau ändern? Was will ich dafür tun und was will ich auf keinen Fall?

Statt unsere Energien auf den Kampf zu konzentrieren und einen Schlagabtausch zu führen, sollten wir uns darauf konzentrieren, einen Schritt zurückzutreten und unseren eigenen Standpunkt zum Problem zu finden und zu überdenken.

Damit kommen wir der tatsächlichen Quelle unseres Ärgers auf die Spur. Wir klären, wo wir eigentlich stehen. Wir verschwenden keine Energie an Menschen, die wir nicht ändern können – die Frage ist, ob wir das überhaupt wollen. Darüber hinaus entwickeln wir unsere kommunikativen Fähigkeiten und sprechen über uns selbst und unser Anliegen. Das ist die schwierigste und zugleich wichtigste Sache überhaupt. Wir lernen langfristig den Umgang mit Menschen, die bei uns auf einen „Knopf drücken".

Wichtig ist dabei, dass wir beim Ansprechen unseres Problems nicht in die Falle tappen, den anderen davon überzeugen zu wollen, dass wir mit unserer Position Recht haben. Wenn wir nicht gehört werden, sollten wir uns aus der Diskussion verabschieden, bevor wir anfangen, uns in eine endlose Rechtfertigungsschleife zu diskutieren: „Ich verstehe, dass Sie anderer Meinung sind, aber offenbar sehen wir die Sache auf unterschiedliche Weise". Punkt und Ende.

Der Umgang mit Ungleichgewichten – die soziale Ebene des Konflikts

Im Konflikt zwischen Frau Grothe und ihrem Chef nimmt sie die Situation als unausgewogen wahr. Sie ist sich ihrer Fähigkeiten und Kontakte bewusst und nutzt sie in vollem Umfang zugunsten ihres Unternehmens. Das ist aus Sicht des Unternehmens gut für den Umsatz, aber offenbar schlecht für die Kommunikation zwischen Frau Grothe und ihrem Chef. Auf der rationalen Ebene handelt sie korrekt, vernachlässigt dabei aber die soziale Komponente: Sie und ihr Chef bleiben in der Situation, in der sie die besseren Kundenkontakte hat und offenbar eloquenter ist als er, stecken. Er bleibt sozial „auf der Strecke". Was hätte Frau Grothe tun können, um das Gleichgewicht herzustellen? Ihren Chef einbeziehen, zum Beispiel, indem sie ihn als Mitarbeiterin über ihre

Arbeit informiert und seine Zustimmung dazu einholt. Das hätte zwei Vorteile: Sie zeigt Akzeptanz für ihren Chef in seiner Rolle als Ranghöheren und bekommt dabei selbst von ihm Wertschätzung für ihre Arbeit.

Die soziale Kommunikationsebene zu beachten wird im Berufsalltag gern vergessen. Aber gerade in Situationen, in denen ein Ungleichgewicht in der Hierarchie herrscht, ist diese Ebene für die Vermeidung von Konfliktsituationen unabdingbar. Wichtig ist es, eine Situation herbeizuführen, in der niemand auf der Strecke bleibt und alle Beteiligten gewinnen.

Die Defizite ihres Chefs, die so sehr im Gegensatz zu ihren eigenen Fähigkeiten stehen, bringen Frau Grothe dazu, sich bei ihm zu stark auf eben diese „Symptome des Defizits" zu konzentrieren. Und genau das führt sie offenbar weiter weg von ihren eigenen Zielen und Plänen. Dafür spricht, dass sie jetzt bereits zum zweiten Mal in einer Position arbeitet, in der sie aufgrund der Tatsache, dass sie Defizite wahrnimmt, diese aber nicht anspricht, kündigt.

Die besondere Aufgabe von Frau Grothe ist es hier, nicht nur ihren eigenen Standpunkt zu äußern, sondern darüber hinaus Verantwortung für ihr Leben zu übernehmen. Offenbar hat sie das bisher nicht geleistet. Sie hat sich noch nicht um die Integration ihrer kreativen Seiten in ihr Leben gekümmert. Bei mehr Konzentration auf ihre eigene Lebensaufgabe – die unterschiedlichen Aspekte ihrer Persönlichkeit und ihres Lebens – würde es ihr zudem leichter fallen, die „Defizite" ihres Chefs als Unterschiede wahrzunehmen, die es gilt, konstruktiv zu bearbeiten. Die Bewertung der Defizite allein führt tiefer in den Konflikt und weiter weg von der Lösung.

2.8 Übung

- Was ist das Thema meines Konflikts? Bitte formulieren Sie einen Satz.
- Welche Auswirkungen hat es auf die Zukunft, wenn mein Konflikt nicht gelöst wird? Für mich? Für meinen Konfliktpartner?

- Was bedeutet es für mich persönlich, wenn der Konflikt weiterbesteht? Wie fühle ich mich?
- Was bedeutet es für die Beteiligten/die Gruppe der Konfliktpartner?
- Welche Interessen vertreten die Konfliktpartner?
- Wie würde die ideale Lösung des Konflikts aussehen?
- Was werde ich persönlich tun, um dieser Lösung ein Stück näher zu kommen?
- Wie spreche ich den Konflikt an? Bitte formulieren Sie fünf „Ich"-Sätze.

Exkurs: Rückzug als Thema von Frauen?

Im Fall von Frau Grothe ist das Thema Rückzug, das oft Frauen betrifft, ein zweischneidiges Schwert. Sie zieht sich aus einer Situation, in der sie sich persönlich angegriffen fühlt, zurück, weil sie sieht, dass ihre speziellen Talente und Fähigkeiten nicht ausreichend gewürdigt werden. Indem sie aber über ihren Ärger schweigt, untergräbt sie ihr Selbstwertgefühl aktiv. Es finden sich immer zahlreiche Entschuldigungen dafür, dass wir nicht den Mut haben, unseren eigenen Standpunkt zu vertreten. Je stärker der Grad der emotionalen Beteiligung an einem Konflikt, umso mehr neigen wir dazu, die Verantwortung unserem Gegner zuzuschreiben. Wir sehen den anderen als denjenigen, der uns davon abhält, zu sprechen. Damit geben wir aber unseren eigenen Teil der Verantwortung für die Situation nur allzu bereitwillig ab.

Der Konflikt, als Hindernis betrachtet, das sich ihr in den Weg stellt, bietet jedoch eine besondere Herausforderung – für Frau Grothe zum zweiten Mal in ihrem Berufsleben. Möglicherweise gilt es, ihre eigenen Bedürfnisse, Werte und Prioritäten noch einmal grundlegend zu überdenken. Offenbar verfügt Frau Grothe über kommunikative – und auch kreative – Fähigkeiten, die in ihrem derzeitigen Arbeitsleben nicht in der vorhandenen Form verlangt und gewürdigt werden. Möglicherweise ist der Konflikt, den sie hier in ihrem Arbeitsleben austrägt, nicht der Konflikt, um den es für sie persönlich geht.

Wenn wir in unserem Berufsleben eine Person, mit der wir einen Konflikt haben, zum „Problem" stempeln, verstellt uns das oft den Blick auf die

Realität. Zu einem Konflikt gehören zwei Parteien, und diejenige, über die wir am besten Bescheid wissen, sind wir selbst. Wir verhalten uns natürlich nach bestimmten Mustern, die in unserer Persönlichkeit begründet liegen oder in unserer Familiengeschichte. Wir sehen das, was wir sehen wollen. Hilfreich ist hier auch wieder die Vogelperspektive, die einen distanzierten Überblick auf die Gesamtsituation ermöglicht.

Viele Konflikte, die wir in unserem Berufsleben austragen, sind nicht diejenigen, um die es „eigentlich" geht. Manchmal schieben wir sie vor und halten uns an Fragen auf wie beispielsweise, wer gerade nach unserer Meinung was falsch macht. Das kann eine Zwischenstation sein auf dem Weg zur Erkenntnis des wahren Konflikts. Für Frau Grothe also die Frage, ob sie wirklich den Beruf hat, der ihren Neigungen und ihren Fähigkeiten entspricht. Ob sie in Zukunft damit leben kann und will, sich Chefs anzupassen, die anders „ticken" als sie, ob sie es schafft, Konflikte anzusprechen, wenn sie sich zeigen. Oder ob ihre Unzufriedenheit ein Ausdruck der Unterforderung ihrer Kreativität ist, für die ein anderer Rahmen oder eine andere Tätigkeit gefunden werden sollte.

3. Nur wer seinen eigenen Weg geht, wird von niemandem überholt

Wie Sie Ihre Bedürfnisse klären und damit Konflikte vermeiden

3.1 Einführung

Was hat in unserem Leben den größten Stellenwert? Das wird jeder für sich anders beantworten, aber in einem sind alle Menschen vom Zeitpunkt ihrer Geburt an gleich: Mit dem Beginn unseres Lebens müssen unsere Bedürfnisse befriedigt werden, damit wir überlebensfähig sind. Wir müssen atmen, essen, schlafen, und wir brauchen die Reize der Außenwelt, damit sie uns bei unserer Entwicklung unterstützen. Darüber hinaus sind wir auf Zuwendung und Anerkennung unserer Mitmenschen angewiesen. Wir wünschen uns, in Sicherheit zu leben, und wollen uns selbst verwirklichen. Dabei entstehen jedoch immer wieder Konflikte an Stellen, wo unsere Bedürfnisse nicht optimal befriedigt werden oder wo wir selbst auf die Wünsche anderer Menschen unzureichend eingehen.

Bedürfnisse spielen auch eine wesentliche Rolle für unsere persönliche Standortbestimmung im Beruf. Wenn wir wissen, wer wir sind und was wir haben wollen, schützen wir uns davor, nach den Bedürfnissen anderer zu leben. Oftmals klafft jedoch eine Lücke zwischen dem, was wir tun wollen, und dem, was wir tatsächlich tun. Wir sehen täglich Kollegen, die an dieser Stelle ein Problem haben. Was sie alles tun würden, wenn nur die Umstände anders wären! Diese Klagen lösen bei uns in der Regel Unbehagen aus, auch weil sie uns damit konfrontieren, dass wir selbst Bedürfnisse haben, denen in unserem Arbeitsalltag nicht genügend entsprochen wird. Aus unterschiedlichen Gründen leben wir diese Bedürfnisse jedoch nicht immer angemessen aus. Möglicherweise fehlt uns die Energie, wir wagen es nicht oder denken, dass sie nicht zu der Rolle passen, die wir beruflich spielen.

Unsere Bedürfnisse bilden jedoch den Hintergrund für unsere Ziele und unser Handeln. Welche Bedürfnisse sind uns so wichtig, dass sie uns motivieren? Was brauchen wir in unserem Berufsleben, um zufrieden und erfolgreich zu sein? Arbeiten wir lieber im Team oder allein? Brauchen wir Macht und Einfluss? Oder lieben wir Ordnung und Kontinuität am Arbeitsplatz? Passen Bedürfnisse, die für uns emotional bedeutsam sind, zu unseren rationalen Entscheidungen? Wie können wir gerade diesen Einklang herstellen?

3.2 Ein Beispiel

Ulrich von Radwitz ist Leiter der Finanzabteilung in einem internationalen Konzern. Er stammt aus einer deutschen Adelsfamilie und hat eine langjährige Erziehung in verschiedenen Schweizer Internaten genossen. Seine Eltern stellen seit jeher große Ansprüche an Kinder im Allgemeinen und ihre eigenen im Besonderen, vor allem seine Mutter vermittelte ihrer Umwelt den Eindruck, nichts, aber auch gar nichts, sei für sie und ihre Familie gut genug.

Von Radwitz hat keinen engen Kontakt zu seinen Eltern, zumal er in ihren Augen nichts Besonderes aus seinem Leben gemacht hat, was ihm ihre Anerkennung verschaffen könnte. Seine drei Brüder verdienen mehr Geld als er und sind zudem mit ihren kinderreichen Familien in der Nähe des elterlichen Wohnsitzes in Süddeutschland ansässig, während Ulrich kinderlos verheiratet ist und mit seiner Frau aus beruflichen Gründen eine Wochenendbeziehung führt.

In seiner Firma fühlt sich von Radwitz als Außenseiter, und er vermisst die Anerkennung seines Chefs. Dieser stammt aus dem mittleren Westen der USA, und Respekt vor Adelstiteln oder großen Namen sind ihm fremd. Außerdem hält er Herrn von Radwitz für einen Aufschneider. Von Radwitz ist die PS-Stärke seines Dienstwagens ebenso wichtig wie seine italienischen Maßanzüge und seine teuren Hobbys, die er mit einflussreichen Geschäftspartnern ausübt. Sein Chef ist mit der Arbeitsleistung von Herrn von Radwitz nicht besonders zufrieden. Er findet, dass er kaum belastbar ist, sich zu sehr für Äußerlichkeiten und Details interessiert und kein besonderes Interesse an weitreichenden strategischen Konzeptionen hat. Außerdem ärgert es ihn, dass von Radwitz offenbar die Einwände seiner Mitarbeiter nicht duldet und recht zynisch mit ihnen umgeht, wenn sie über zu hohe Arbeitsbelastung klagen. Er scheint sich außerdem sehr schwer zu tun, autonome Entscheidungen für seine Abteilung zu treffen, da er ständig das Gespräch mit seinem Chef und dessen Zustimmung sucht. Auf Kritik seines Vorgesetzten reagiert Herr von Radwitz darüber hinaus zuerst mit Arbeitsverweigerung.

3.3 Das Thema: Der Umgang mit unseren Bedürfnissen – wie vermeiden wir Konflikte?

Wollen wir unsere Ziele im Beruf erfolgreich verwirklichen, müssen diese emotional aufgeladen sein. Das schaffen wir, wenn wir uns darüber klar sind, welche erfüllten und unerfüllten Bedürfnisse wir haben und welche davon wir im Arbeitsalltag befriedigen wollen und können. Grundsätzlich gilt: Ein Mensch kann nur das geben, was er hat. Wenn jemand wenig autonom und kreativ ist, wird davon auch nichts in seinen Arbeitsalltag fließen. Wenn wir uns hauptsächlich um die Befriedigung unserer Statusbedürfnisse kümmern, wie Herr von Radwitz in unserem Beispiel, fehlen uns Sicherheit und Zugehörigkeit, von denen wir abgeben könnten. Herr von Radwitz ist auf die Meinung seines Chefs und auf Statussymbole so bedacht, dass er nicht genügend Kraft hat, sich selbst zu verwirklichen. Er ist gewissermaßen in seiner Verpackung stecken geblieben.

Wenn wir unseren unerfüllten Bedürfnissen verhaftet sind, führt dies nicht nur zu inneren Konflikten, sondern auch dazu, dass wir oftmals die andere Seite nicht sehen. Ohne Selbstreflexion an dieser Stelle sind wir nicht offen für die Bedürfnisse anderer – ein fatales Defizit, wenn wir als Führungskraft zum Beispiel Konflikte mit unseren Mitarbeitern vermeiden wollen.

3.4 Zum Hintergrund: Warum Menschen handeln, wie sie handeln

Sigmund Freud ging von der Annahme aus, dass alles, was wir in unserem Leben tun, einen Grund haben muss. Dieser Grund ist uns in manchen Fällen bewusst, in anderen nicht. Bewusst vor allem dann, wenn wir bei unseren Handlungen von unserem Verstand und unserem Bewusstsein geleitet werden. Unbewusst in den Fällen, in denen unsere Motive und Bedürfnisse eine Rolle spielen.

Warum ist das wichtig, um Konflikte zu vermeiden? Wir alle wollen uns im Rahmen unserer gegebenen Anlagen entfalten (Maslow 1977). Selbstverwirklichung steht für uns im Mittelpunkt unseres Handelns. Wenn unsere Grundbedürfnisse aber nicht befriedigt worden sind, werden wir unter Umständen von ihnen beherrscht, das heißt, wir sind auf die Befriedigung eines besonderen Bedürfnisses stark fixiert. Wenn zum Beispiel in unserer Kindheit das Bedürfnis nach Anerkennung nicht zufrieden gestellt wurde, kann dieses Bedürfnis für uns als Erwachsene zum bestimmenden Faktor in unserem Leben werden. Es zeigt sich dann zum Beispiel in dem übertriebenen Wunsch, teure Statussymbole zu favorisieren. Wir alle brauchen aber, wenn wir erfolgreich sein wollen, das Gefühl der Wertschätzung von außen, für uns als Person und auch für unsere Arbeit.

Der Humanpsychologe A. H. Maslow hat sich vierzig Jahre lang mit den Bedürfnissen des Menschen auseinander gesetzt. Er erstellte eine Bedürfnisleiter mit fünf Stufen. In hierarchischer Folge unterscheidet Maslow folgende Bedürfnistypen:

1. Die physiologischen Bedürfnisse (z. B. Hunger, Durst, Müdigkeit)
2. Das Bedürfnis nach Sicherheit (z. B. Stabilität, Angstfreiheit)
3. Das Bedürfnis nach Liebe und Zugehörigkeit
4. Das Bedürfnis nach Anerkennung
5. Das Bedürfnis nach Selbstverwirklichung (z. B. eigener Chancen)

Für unsere Entwicklung zum erwachsenen Menschen ist es wichtig, dass die Bedürfnisse jeder Stufe bis zu einem gewissen Grad befriedigt werden, ehe wir an die Bedürfnisse der nächsten Stufe denken: Wir können uns das als Kaskade von Kübeln vorstellen. Wenn der oberste Kübel nicht bis zu einem gewissen Grad gefüllt ist, wird kein Wasser in den nächsten Kübel fließen. Nur wenn der Wasserspiegel im obersten Kübel hoch genug ist, kann sich der nächste füllen. Das heißt für uns, nur wenn eines unserer Bedürfnisse bis zu einem gewissen Grad erfüllt ist, fließt es mit in den nächsten „Bedürfnis-Kübel".

Diese Bedürfnisleiter wurde seitdem um weitere Bedürfnisse (Reiss 2000, Fischer-Epe 2004) ergänzt, mit dem Ziel, persönliche Handlungsmotive im beruflichen Alltag besser zu erklären. Dazu zählen:

6. Das Bedürfnis nach Erkundung
7. Das Bedürfnis nach Sinn und Wertkongruenz des eigenen Handelns
8. Das Bedürfnis nach Dominanz und Höherstellung

Das Bedürfnis nach Erkundung zeigt sich im Berufsleben vor allem durch Abwechslung, wie neue Aufgaben, Arbeitsplätze, Auslandseinsätze. Menschen, bei denen dieses Bedürfnis stark ausgeprägt ist, lieben diese Art der Arbeitsweise, für andere stellt sie eher eine Bedrohung dar. Wenn wir in einem Umfeld arbeiten, das von vielen Veränderungen geprägt ist, selbst aber sehr sicherheitsbedürftig sind, werden wir höchstwahrscheinlich mindestens einen inneren Konflikt bekommen.

Das Bedürfnis nach Sinn wird dann befriedigt, wenn unsere Tätigkeit mit unseren Werten übereinstimmt. Wenn wir aber zum Beispiel als Vertriebsmitarbeiter etwas verkaufen, an das wir nicht glauben, steuern wir nicht nur auf einen inneren Konflikt zu, sondern verlieren mit aller Wahrscheinlichkeit auch die Motivation für unsere Aufgabe.

Beim Bedürfnis nach Dominanz und Höherstellung kann es darum gehen, eine hierarchisch höhere Position einzunehmen oder sich primär für eine Sache einzusetzen – oder um beides. Das heißt, wenn wir uns zum Beispiel stark für eine humanitäre Organisation engagieren, muss das nicht heißen, dass wir auch in der Hierarchie dieser Organisation eine führende Rolle spielen wollen. Es geht uns in erster Linie um Einfluss auf die Sache, weniger um funktionale Macht. Umgekehrt ist auch der Fall möglich, dass wir eine hohe Position in einem namhaften Unternehmen anstreben und dabei mehr an der Visitenkarte mit dem klangvollen Titel als an der Aufgabe selbst interessiert sind. Beide Arten von Einfluss, zugleich auf der sachlichen und der Beziehungsebene, sind natürlich auch möglich: Wir wissen, dass wir eine hohe Position haben müssen – und wollen dies auch – , um auf eine Sache Einfluss zu nehmen, die uns wirklich interessiert und die wir fördern wollen.

Die Fähigkeit, eigene Bedürfnisse zu erkennen, sie richtig zu identifizieren und auch, wenn notwendig, durchzusetzen, ist bei nicht wenigen Menschen unterentwickelt oder verkümmert. Das bedeutet aber keineswegs, dass damit diese Bedürfnisse auch nicht mehr vorhanden wären. Wir müssen uns darüber im Klaren sein, wie wir unseren Energieverbrauch steuern wollen. Im Wesentlichen brauchen wir für unser Leben fünf Energieströme: zunächst die Grundenergie, die für unser Leben erforderlich ist – zum Atmen und zum Denken beispielsweise. Dann die Energie, mit der wir uns entwickeln und dabei gegenüber unserer Umwelt abgrenzen. Wenn wir hier sehr viel Energie verbrauchen, fehlt sie uns für die weiteren drei Energieströme. Der dritte Energiestrom ist die Energie, mit der wir unsere Aufgaben bewältigen und Probleme lösen. Der vierte betrifft unsere Hobbys oder kreativen Interessen, und der fünfte ist die Energie, die uns mit neuen Herausforderungen und unerwarteten Vorkommnissen fertig werden lässt. Nur Erfolgserlebnisse in allen Bereichen dieser Energieströme führen dazu, dass wir beruflich erfolgreich und im Einklang mit unseren Bedürfnissen leben können.

Wenn wir einen Schritt weiter gehen und als Führungskraft die Bedürfnisse unserer Mitarbeiter kennen und verstehen, haben wir die Möglichkeit, an dieser Stelle Kommunikationsstörungen vorzubeugen und Konflikte zu vermeiden. Unbefriedigte Bedürfnisse bei unseren Mitarbeitern zeigen sich zum Beispiel darin, dass sie sich E-Mails schreiben, aber menschliche Nähe zu vermeiden suchen, fleißig, aber isoliert arbeiten, häufig murren und Informationen monopolisieren.

Wenn diese Symptome auftauchen, müssen wir eingreifen, wollen wir Konflikte vermeiden. Dies sind Alarmsignale für schleichende Demotivation. Wichtig ist, dass wir hier frühzeitig eingreifen, das heißt sofort hinterfragen, wenn wir erste Anzeichen wahrnehmen.

3.5 Das Ziel: Bedürfnisse erkennen und managen

Was ist das Ziel von Herrn von Radwitz in seiner aktuellen Situation? Offenbar strebt er in starkem Maße nach Anerkennung. Wir erfahren, dass dieses Bedürfnis bereits in seiner Jugend und durch seine Familie wenig erfüllt wurde. Auch Liebe und Zugehörigkeit haben offenbar gefehlt, worauf das Aufwachsen in Internaten schließen lässt. Wenn dieses Grundbedürfnis in unserem Leben jedoch häufig frustriert wird, führt dies meist zu schlechter sozialer Anpassung. Dies beobachten wir bei Herrn von Radwitz, der in seiner Abteilung im Alleingang zu agieren scheint, ohne eine gut funktionierende Kommunikation mit seinen Mitarbeitern.

Fehlende Sicherheit und Anerkennung veranlassen Herrn von Radwitz, durch Statussymbole das vorzutäuschen, was er nicht hat. Denken wir an das Sprichwort: „Wer angibt, hat's nötig." Das stimmt tatsächlich, denn wenn jemand aufschneidet, um unsere Anerkennung zu erzielen, dann braucht er sie auch. Nach dem Motto: Wenn ihr mich nicht wegen meiner Persönlichkeit schätzt, dann bitte wegen meines Status. Herrn von Radwitz wird die Überprüfung seiner eigenen Bedürfnisse dabei helfen, sich selbst besser kennen zu lernen und sich mit seinen unerfüllten Bedürfnissen auseinander zu setzen.

Was passiert hier zwischen Herrn von Radwitz und seinem Chef? Offenbar gibt es neben unterschiedlichen Erwartungen auch ganz unterschiedliche Bedürfnislagen bei beiden Parteien. Herr von Radwitz braucht in starkem Maße die Wertschätzung seines Vorgesetzten. Er trifft wenig autonome Entscheidungen, sondern überlässt diese lieber seinem Chef. Er nutzt Statussymbole und die Macht seines Titels, um Anerkennung zu bekommen. Hierbei handelt es sich um ein weitverbreitetes Phänomen, das häufig Anlass für Konflikte ist. Dies zeigt auch unser Beispiel deutlich im Verhältnis von Herrn von Radwitz zu seinem Chef, der offenbar ein sehr geringes Bedürfnis nach Anerkennung durch Statussymbole hat.

Wie kann der Chef von Herrn von Radwitz mit seinem Mitarbeiter umgehen? Er erkennt seine Defizite deutlich. Um Herrn von Radwitz persönlich zu stärken und in seiner Rolle als Führungskraft zu entwickeln, muss er ihn positiv bestätigen und ihm die Anerkennung geben, die er braucht.

Was ist in dem Fall passiert, der diesem Beispiel zugrunde liegt? Leider ging er nicht gut aus, weil der Chef Herrn von Radwitz irgendwann als Versager abstempelte und ihn auch so behandelte. Dies führte schließlich dazu, dass sich das Unternehmen von Herrn von Radwitz trennte.

LEITSÄTZE

Überlegen Sie, ob Sie Ihr Leben mit den Aktivitäten verbringen, die Sie wirklich tun wollen.

- Benutzen Sie dazu ein Tortendiagramm, das Sie aufmalen. In diese „Torte" geben Sie sich für jede Aktivität ein Tortenstück, das so groß ist wie der Anteil der Zeit, die Sie für diese Aktivität aufwenden. Wenn Sie wollen, können Sie auch den Prozentsatz Ihres Zeitaufwandes in das Tortenstück eintragen.

- Malen Sie jetzt ein zweites Tortendiagramm. Was würden Sie gern tun? Wofür wollen Sie in Zukunft Ihre Zeit aufwenden?

- Wo stellen Sie Diskrepanzen zwischen den beiden Torten fest?

- Auf welche persönlichen Bedürfnisse gehen Sie derzeit wenig/ nicht ein?

3.6 Der Nutzen: Bedürfnisse sind Bausteine für unsere Ziele

Wenn wir unsere eigenen Bedürfnisse bei der Verwirklichung unserer Ziele befriedigen können, motiviert uns das zur Umsetzung. Warum ist das für unsere Persönlichkeit wichtig? Je mehr Zuwendung und Anerkennung wir in unserem Leben erhalten, desto optimistischer werden wir und desto mehr glauben wir an uns. Zunächst brauchen wir unsere eigene Anerkennung, um zufrieden zu sein. Wir entwickeln damit ein positives Verhältnis zu unserer Umwelt sowie ein gutes Selbstwertgefühl. Je mehr negative Bemerkungen wir über unser Verhalten einstecken müssen, desto stärker leidet unser Selbstwertgefühl. Wer uns am nächsten stand, als wir klein und hilfsbedürftig waren, prägt das Muster der Menschen, von denen wir uns später im Privatleben und im Beruf optimale Lebensfreude versprechen. War das Muster der Kindheit ein negatives Muster, werden wir auch dieses wiederholen, nach dem Prinzip: Das vertraute Unglück macht uns weniger Angst als das unvertraute Glück.

Wir müssen daran arbeiten, dass unsere Bedürfnisse nicht im Widerstreit stehen. Wenn sie sich widersprechen, ruft dies innere Konflikte hervor: Wir wollen zum Beispiel eine hohe Position in der Hierarchie (Anerkennung), scheuen aber vor der damit einhergehenden Übernahme von Verantwortung zurück (Dominanz/Höherstellung). Diese beiden Bedürfnisse blockieren sich gegenseitig, und es kommt dann im Berufsleben zu Konflikten.

Wenn wir Konflikte vermeiden wollen, gilt es darauf zu achten, dass unsere eigenen Ziele und Bedürfnisse auch mit den Erwartungen und Werten unseres Unternehmens übereinstimmen: Sind wir zum Beispiel selbst sehr sicherheitsbedürftig, geraten wir leicht in innere und äußere Konflikte, wenn unser Chef in seiner Abteilung häufig umstrukturiert und Aufgabenverteilungen ändert.

Als authentisch agierende Menschen dürfen wir nicht darauf verzichten, unsere Bedürfnisse zu klären und soweit wie möglich im Arbeitsalltag angemessen zu befriedigen. Manchmal verhindert auch unser Versteckspiel an dieser Stelle, dass wir aus Situationen lernen. Wenn unsere Bedürfnisse befriedigt werden, müssen wir keine Energie darauf verschwenden, zu klagen oder uns zu bemitleiden, sondern wir werden uns von dem Punkt, an dem wir gerade stehen, weiterentwickeln. Wir müssen unsere Energien nicht dafür einsetzen, andere zu kritisieren oder uns ständig über viele Dinge aufzuregen, sondern können an der ständigen Befreiung von Konflikten arbeiten.

3.7 Die Strategie: „Was brauchen wir?," statt: „Was machen die anderen falsch?"

Wir haben in der Regel nicht gelernt, in Begriffen unserer Bedürfnisse zu denken. Wenn sie nicht befriedigt werden, denken wir meist darüber nach, was die Menschen in unserer Umgebung falsch machen. Wir finden zum Beispiel Fehler bei unseren Mitarbeitern, statt uns zu fragen, was wir konkret von ihnen wollen und brauchen. Wir haben mehr Übung darin, auf der anderen Seite zu analysieren, als unsere eigenen Bedürfnisse auszudrücken.

Die Lösung zur Konfliktvermeidung lautet jedoch, zunächst den Weg zur Befriedigung unserer eigenen Bedürfnisse zu beschreiben. Wir müssen klar ausdrücken, was wir in einer bestimmten Situation benötigen, statt unserem Gegenüber zu erklären, was mit ihm nicht stimmt.

Hier kommt in unserem Beispiel dem Chef von Herrn von Radwitz eine besondere Aufgabe zu: nicht auf das Verhalten seines Mitarbeiters durch Bewertungen und Kritik zu reagieren, sondern herauszufinden, was ihn zu seinem Verhalten motiviert. Das wird ihm am besten gelingen, wenn er seine eigenen Gefühle ausdrückt und mit seinem Bedürfnis verknüpft, also: „Ich bin wirklich wütend, dass dieser Auftrag noch nicht erledigt ist, weil mir wichtig ist, dass wir bei unserem Kunden eine gute Figur machen", statt zum Beispiel: „Sie sind ja wohl von allen guten Geistern verlassen, dass Sie diese Arbeit noch nicht gemacht haben – was denken Sie sich eigentlich?"

Sehen Sie den Unterschied? Wenn wir zunächst ausdrücken, was das Verhalten unseres Gegenübers mit uns macht, kommen wir in Kontakt mit ihm. Wir greifen nicht an und bringen ihn in die Defensive. Kein Mensch lässt sich gern in die Enge treiben. Angriffe führen in der Regel zur Flucht, nicht zur Lösung.

Emotionale Bedürfnisse – Auslöser oder Ursache von Konflikten?

Die Strategie zur Befriedigung der eigenen nur teilweise erfüllten oder unerfüllten Bedürfnisse heißt also, sich zunächst damit zu beschäftigen, wo wir auf der Bedürfnisskala stehen. Welche unserer Bedürfnisse sind angemessen befriedigt und welche nicht? Welche Gefühle verbinden wir mit den Bedürfnissen? Wenn wir diese Energie zur Selbstverwirklichung mobilisieren, wird sich der persönliche und berufliche Erfolg bei Konfliktlösungen einstellen.

Erst wenn wir unsere eigenen Bedürfnisse kennen und an deren kontinuierlicher Befriedigung arbeiten, werden wir als Führungskräfte echtes Verständnis für unsere Mitarbeiter aufbringen, ohne Zynismus und negative Bewertungen. Was andere sagen oder tun, kann ein Auslöser für unsere Gefühle sein, aber niemals ihre Ursache. Die Ursache sind unsere eigenen – meist die unbefriedigten – Bedürfnisse.

Um in einer aktuellen Situation hinter die momentan unbefriedigten Bedürfnisse zu kommen, ist es hilfreich, sich zu fragen: „Was unterstützt mich gerade nicht in diesem Gespräch? Was verhindert die Klärung des Sachverhaltes?", „Wo drückt mein Gesprächspartner bei mir auf einen Knopf, der ein unerfülltes Bedürfnis zutage fördert?"

Die rationale Ebene der Bedürfnisse klären – Unterschiede anerkennen

Herr von Radwitz in unserem Beispiel begegnet seinen Mitarbeitern zynisch, wenn sie über Arbeitsüberlastung klagen. Hier ist es seine Aufgabe als Führungskraft, auf ihre Bedürfnisse angemessen zu reagieren. Möglicherweise äußern die Mitarbeiter ihre Unzufriedenheit in

Form von Klagen. Als Chef fällt es uns häufig schwer, hinter den Klagen die eigentlichen Bedürfnisse zu hören und ernst zu nehmen. Meist erzeugt der Versuch von Mitarbeitern klar zu machen, was sie bekommen „sollten" oder „verdienen", bei uns Ungeduld. Wir reagieren ablehnend. Am Ende sind unsere Mitarbeiter überzeugt davon, dass ihre Bedürfnisse nicht zählen.

Wenn sich jemand in unserer Umgebung negativ äußert, gibt uns das die Möglichkeit, unsere eigenen Bedürfnisse wahrzunehmen und darüber hinaus die Bedürfnisse zu erkennen, die in der Negativaussage des anderen liegen. Dabei sollten wir als Reaktion Urteile, Kritik, Diagnosen und Interpretationen vermeiden und auf der Ebene der Bedürfnisse bleiben, um angemessen zu reagieren. Auch wenn Bedürfnisse auf eine Weise zum Ausdruck gebracht werden, die an sich kaum eine positive Reaktion hervorruft, sind wir als Manager gefordert, hier genauer nachzufragen: „Was brauchen Sie, um Ihre Arbeit zu erledigen?", oder: „Wie kann ich Sie konkret unterstützen?

Die soziale Ebene der Bedürfnisse – für das Unternehmen agieren

Als Führungskraft stehen wir vor der besonderen Herausforderung, verschiedene Bedürfnisse und Erwartungen – unsere eigenen, die unserer Mitarbeiter und die des Unternehmens – in Einklang bringen zu müssen. Von uns wird nicht nur erwartet, dass wir eine klare Strategie verfolgen, diese unterschiedlichen Bedürfnisse zu befriedigen, sondern auch, dass wir zu jedem Zeitpunkt die Prioritäten richtig setzen. In der Regel wird von Managern erwartet, dass sie dabei die Erfordernisse des Unternehmens – mehr Umsatz, mehr Gewinn – in den Vordergrund stellen.

Hier ist es für die Förderung der Motivation innerhalb des Unternehmens sehr nützlich, dass wir als Führungskräfte unseren Mitarbeitern die besondere Situation konkurrierender Bedürfnisse und Erwartungen von Zeit zu Zeit erläutern. So schaffen wir Vertrauen in unsere Führungstätigkeit und gewinnen Zustimmung. Kein Mitarbeiter ist langfristig gegen seine Bedürfnisse zu motivieren. Daher hilft die zeitweilige Klärung der allseitigen Bedürfnisse und der Möglichkeit sowie Unmöglichkeit ihrer Befriedigung, Kompromisse zu finden. Diese Kompromisse werden uns dann als Basis für unsere Strategie zur Motivation dienen.

3.8 Übung: Wo stehe ich auf dem Weg zur Befriedigung meiner eigenen Bedürfnisse?

Bitte lesen Sie sich all diese einzelnen Bedürfnisse einmal ganz allein laut vor. Kreuzen Sie dann an, welche Bedürfnisse bei Ihnen persönlich ganz, teilweise oder nicht erfüllt sind. In welchen Bereichen fühlen Sie sich wohl, weniger wohl oder gar nicht gut?

Bedürfnis	Ganz erfüllt	Teilweise erfüllt	Nicht erfüllt
1. Physiologische Grundbedürfnisse			
Körpertemperatur			
Atmen			
Essen			
Schlafen			
Stoffwechsel			
Sex			
2. Sicherheit			
Schutz			
Ordnung			
Besitz			
Rituale			

Bedürfnis	Ganz erfüllt	Teilweise erfüllt	Nicht erfüllt
Erfahrung			
Bewegung			
3. Zugehörigkeit			
Geborgenheit			
Zärtlichkeit			
Fürsorge			
Unterstützung			
Ermutigung			
Kontakt			
4. Anerkennung			
Beachtung			
Positive Bestätigung			
Status			
Macht			
Geltung			
Akzeptanz			
5. Selbstverwirklichung			
Begeisterung			
Zielstrebigkeit			
Kreativität			
Bildung			
Entscheidungsfähigkeit			

Bedürfnis	Ganz erfüllt	Teilweise erfüllt	Nicht erfüllt
6. Erkundung			
Neugier			
Veränderungen			
Neue Aufgaben			
Unterschiedliche Menschen			
Arbeitgeberwechsel			
Neue Orte			
7. Sinn des Handelns/Wertkongruenz			
Information über Ziele/Strategien			
Beitrag zum Ganzen			
Nutzen meiner Arbeit			
Umsetzung meiner Ideen			
Unternehmenskultur			
8. Dominanz/Höherstellung			
Macht			
Verantwortung			
Ansehen			
Einflussnahme			
Entscheidungsbefugnis			

Zur persönlichen Auswertung der Übung:

- In welcher der Kategorien 1 bis 5 haben Sie die meisten teilweise oder nicht erfüllten Bedürfnisse?
- Was kann Sie dabei unterstützen, diese Bedürfnisse zu befriedigen?
- Was werden Sie in den kommenden vier Wochen konkret tun, um diese noch nicht erfüllten Bedürfnisse zu befriedigen?

Finden Sie für jedes Bedürfnis, das Sie mit „teilweise erfüllt" oder „nicht erfüllt" angekreuzt haben, drei konkrete Maßnahmen, die Sie durchführen werden.

Diese Übung zeigt Ihnen, an welchem Punkt Sie auf dem Weg zur Befriedigung Ihrer Bedürfnisse stehen. Je besser Sie selbst Ihre persönlichen Bedürfnisse erfüllen, umso unabhängiger werden Sie von den Verhaltensweisen Ihres Partners, Ihrer Freunde, Kollegen, Mitarbeiter und Chefs.

Je klarer Ihre eigenen Vorstellungen sind, wie Sie sich Bedürfnisse erfüllen können, umso mehr steigt auch Ihre persönliche Zufriedenheit.

Arbeiten Sie also systematisch daran, die meisten Ihrer Kreuze in der Spalte „ganz erfüllt" machen zu können.

4. „You spot it, you've got it"

Wie Sie es schaffen, aus dem Verhalten anderer für Ihr eigenes Konfliktverhalten zu lernen

4.1 Einführung

Bereits Goethes Faust beklagt: „Zwei Seelen wohnen, ach! in meiner Brust, die eine will sich von der anderen trennen", ein Mythos, der für unser Konfliktverhalten durchaus Bedeutung hat. Wenn wir unser Verhalten als Ausdrucksweise unserer Seele betrachten, haben wir „gute" Eigenschaften, auf die wir stolz sind, und „schlechte", von denen wir in der Regel behaupten, sie nicht zu besitzen. Wir lehnen sie für uns selbst ab. Diese negativen Eigenschaften nehmen wir dann umso deutlicher in unserer Umwelt wahr. Wir haben zum Beispiel einen Mitarbeiter, den wir intrigant und heimtückisch finden. Sein Verhalten drückt bei uns „alle Knöpfe" und Ärger kommt auf, wenn wir mit ihm zu tun haben. Wenn er es schafft, bei uns „einen Knopf zu drücken", muss es einen Draht geben, der die Verbindung zu unserem Inneren herstellt. Das heißt, für diese Eigenschaften muss in uns ein Kontaktpunkt existieren. Vielleicht gestatten wir ihnen nicht, aktiv zu sein. Diese Wechselwirkung zwischen Eigenschaften, die wir leben, und denen, die wir als Möglichkeit im Unterbewusstsein, quasi in einer persönlichen Unterwelt, mit uns tragen, löst auch im Arbeitsalltag Konflikte aus – in uns selbst und mit unserer Umwelt.

Schon in der griechischen Mythologie wurde dieser Konflikt beschrieben, in der Geschichte von Persephone und den Granatapfelsamen. Persephone lebte als Tochter des Zeus und der Fruchtbarkeitsgöttin Demeter auf der Erde. Hades, ihr Onkel und Herrscher über die Unterwelt, verliebte sich in sie und entführte sie in sein Totenreich, die Unterwelt, wo sie seine Frau wurde. Ihre Mutter war außer sich vor Schmerz, als sie davon erfuhr, und sprach mit Zeus. Dieser willigte ein, dass Persephone, sofern es ihr freier Wille sei, wieder in die Welt der Lebenden zurückkehren könne – unter einer Bedingung: Sie dürfe nichts aus der Unterwelt mitnehmen. Am Vorabend ihrer Rückkehr gab Hades Persephone jedoch einen Granatapfel zu essen. So trug sie die Kerne in ihrem Magen, als sie ihn verlassen wollte. Damit war die Bedingung ihres Vaters nicht erfüllt, und sie war gezwungen, wieder ins Totenreich zurückzukehren. Man einigte sich auf einen Kompromiss: Ein Drittel des Jahres lebte Persephone bei ihrem Mann in der Unterwelt, die restliche Zeit in der Welt der Lebenden.

Was hat dieser Mythos mit unserem Konfliktverhalten zu tun? Hades gab Persephone den Granatapfel zu essen, um sie an sich und sein Reich zu binden. Das heißt, er verabreichte ihr etwas aus der Vergangenheit, das damit zu einem Teil von ihr wurde. Sie trug die Samen mit sich. Dadurch übte er, obwohl in der Unterwelt, dauerhaften Einfluss auf sie aus.

Auch wir haben in unserer heutigen Realität immer zwei Möglichkeiten: das Verhalten Nummer 1, das „uns gehört" und das wir nach außen zeigen, und die Nummer 2, die unsere „Unterwelt" repräsentiert. Es kommt darauf an, empfahl C. G. Jung, sich mit der Nummer 2 anzufreunden, sich aber nicht von ihr fortreißen zu lassen. Wenn wir Nummer 2 an die Oberfläche holen, wird sich das positiv auf unser Konfliktverhalten auswirken.

4.2 Ein Beispiel

Frau Salomon ist seit drei Monaten als Bereichsleiterin Vertrieb in einem mittelständischen Unternehmen tätig. Ihre Geschäftsleitung ist mit ihrer Arbeit außerordentlich zufrieden und hat signalisiert, dass Frau Salomon sich über das Bestehen der Probezeit keine Gedanken machen muss. Darüber ist sie sehr froh, denn bevor sie in diesem Unternehmen anfing, war sie – nach einer betriebsbedingten Kündigung – fast ein Jahr auf

Arbeitssuche. Mit ihrer neuen Position als Vertriebsleiterin hat sie sich gegenüber ihrer vorherigen Tätigkeit sogar noch verbessert. Jetzt leitet Frau Salomon ein Team von sechs Mitarbeitern und ist auch die Vorgesetzte von Herrn Nebel. Herr Nebel ist osteuropäischer Herkunft und mit seinen Eltern nach Deutschland gekommen, als er zehn Jahre alt war. Er ist seit fünf Jahren in der Firma und Mitglied in demselben Golfclub wie der Geschäftsführer des Unternehmens. Diesem Umstand verdankt er einen guten persönlichen Draht zu seinem obersten Chef. Das hat sogar dazu geführt, dass der Chef – trotz einiger gravierender Fehler – bei Herrn Nebel bereits mehrfach ein Auge zugedrückt hat. In der Firma ist dieser Tatbestand bekannt, und viele Mitarbeiter halten Herrn Nebel für nicht besonders kompetent. Sie gehen aber vorsichtig mit ihm um, weil sie um seine private Verbindung zur Geschäftsleitung wissen. Bei Herrn Nebel hat der unmittelbare Kontakt zu seinem Geschäftsführer eine gewisse Überheblichkeit ausgelöst. Er nennt bei jeder sich bietenden Gelegenheit dessen Vornamen und spielt sich auch gegenüber Bereichsleitern auf, indem er ihre Arbeit ungefragt kommentiert.

Über seine eigene neue Vorgesetzte, Frau Salomon, spricht Herr Nebel in der Firma und auch gegenüber dem Geschäftsführer mit Geringschätzung. Er macht sich über ihre Arbeit lustig und geht soweit, dass er die Arbeitsaufträge seiner Chefin entweder missachtet oder die Ergebnisse dem Geschäftsführer bei passender Gelegenheit als seine eigene Idee präsentiert.

Als Frau Salomon davon erfährt, ist sie außer sich. Für sie ist Herr Nebel ein echter Macho, der offenbar Schwierigkeiten hat, eine Frau als Chefin zu akzeptieren. Von ihm offen übergangen zu werden, will sie sich nicht bieten lassen. Außerdem regt sie sich über seine Geringschätzung auf. Seit Wochen schon beschäftigt sie das Thema. Wenn sie abends nach Hause kommt, erzählt sie ihrem Mann von Herrn Nebels neuesten Attacken. Auch ihre Freunde kennen das Thema bereits ausführlich ...

4.3 Das Thema: Das innere Betriebsklima verbessern

Wie es scheint, hat Herr Nebel hier bei Frau Salomon einen „Knopf" gedrückt, der sie veranlasst, den Konflikt wichtig zu nehmen und sich geradezu darin zu verbeißen. Warum regt sie speziell das Verhalten von Herrn Nebel so auf? Was hat dieser Mann an sich, dass er bei ihr derartig die inneren „Kontaktpunkte" aktiviert? Und warum sollte sie diesen Punkt genauer anschauen?

Was lässt uns in Konfliktsituationen aus der Haut fahren oder überangepasst reagieren? Es sind die unterschiedlichen Seelen in unserer Brust, die unsere unterschiedlichen Persönlichkeitsaspekte darstellen. Je besser wir sie kennen, umso eher verstehen wir unser manchmal sehr emotionales und unbewusstes Verhalten.

Wenn wir mit uns selbst „ein Herz und eine Seele" wären, hätten wir weder innere Konflikte noch Konflikte mit unseren Kollegen oder Chefs. In der Regel haben wir jedoch nicht nur zwei Seelen in unserer Brust, sondern eine sich zankende Menge, mit der wir umgehen müssen, wenn wir Konflikte vermeiden wollen. Diese Menge können wir uns als unser „inneres Team" vorstellen, das unser Verhalten entscheidend mitbestimmt. Dieses Team gilt es, kennen zu lernen und zu managen. Wer stärkt, wer verhindert unseren Erfolg? Wer lähmt uns, wer fördert uns? Das Betriebsklima in diesem inneren Team entscheidet darüber, ob wir in Konflikte geraten oder nicht.

Die Teammitglieder müssen sich einig sein, damit wir nach außen klar agieren. Ihre Stimmen dürfen sich nicht widersprechen. Die Herausforderung besteht darin, sie bei einem akuten Konflikt zu identifizieren, aufzustellen und als Ratgeber und Reflecting Team (Schulz von Thun) zu nutzen.

Es gibt in unserer Umgebung immer Menschen, die bei uns so richtig auf alle „Knöpfe" drücken – positiv wie negativ. Lösen sie ein angenehmes Empfinden aus, bewundern wir diese Menschen und schreiben ihnen positive Eigenschaften zu. Sie sind in unseren Augen zum Beispiel attraktiv, klug, nett, offenherzig, kommunikativ. Wir selbst haben solche

Eigenschaften natürlich auch, leben sie aber vielleicht nicht so richtig aus. Das heißt, in unserer Persönlichkeit fristen sie ein Schattendasein. Dasselbe gilt im negativen Fall: Es gibt immer Menschen in unserem privaten und beruflichen Umfeld, die uns richtig ärgern. Für sie fallen uns schnell alle negativen Eigenschaften der Welt ein: Sie sind in unseren Augen unsympathisch, beschränkt, unfreundlich, intrigant, verschlossen. Je mehr wir uns über diese Eigenschaften ärgern, umso näher kommen wir unseren eigenen negativen und versteckten Seiten. Diese Menschen ärgern uns vor allem, weil wir auf sie projizieren, was wir an uns selbst nicht akzeptieren oder was wir uns nicht zugestehen.

4.4 Zum Hintergrund: Mit guter Selbstklärung Konflikte aus dem Weg räumen

Projektionen entstehen vor allem aus verdrängten Bedürfnissen in der Kindheit, wie Sexualität, Kreativität, Angst, Wut. Nach Freud sind Projektionen Abwehrmechanismen, bei denen wir eigene Bedürfnisse oder Gedanken der Außenwelt zuschreiben und somit von der eigenen Person abtrennen. Die Eigenschaften, die wir lieben und als gut empfinden, leben wir, die Schattenseite unserer Persönlichkeit, unsere ungeliebten Eigenschaften bleiben inaktiv. Sie stellen jedoch einen großen Fundus an nutzbaren Ressourcen dar. Projektionen geben uns viel Lernstoff für unser eigenes Verhalten. Wir übertragen auf andere, was wir selbst in uns nicht sehen, akzeptieren oder annehmen können. Die Projektion zeigt immer unsere eigenen Schatten, unsere eigene unbewusste oder ungeliebte Seite. Um die Potentiale, die hierin stecken, zu aktivieren, brauchen wir Beziehungen zu anderen Menschen, denn in ihrer Dynamik werden die Schatten deutlich und verlieren ihre Schrecken.

Wie lösen wir mit dieser Kenntnis erfolgreich Konflikte? Sie hilft uns, unseren eigenen Standpunkt für ein Gespräch besser zu klären. Wir müssen ermitteln, welche Gedanken und Gefühle wir im Hinblick auf das Gesprächsthema hegen. Was sagt unser „inneres Team" zur aktuellen Konfliktsituation? (Schulz von Thun 2000) Über diese Selbstklärung finden wir heraus, an welchen Stellen Stolpersteine liegen, die wir selbst aus dem Weg räumen können. Eine klare und konfliktfreie Kommunikation setzt immer eine gute Selbstklärung vor dem eigentlichen Gespräch voraus. Wenn wir erst im Gespräch unsere eigene innere Position entwickeln, verlieren wir meist unnötig Zeit und verunsichern darüber hinaus unsere Gesprächspartner.

Klärung der „Untergründe"

Alle Konflikte haben einen Kern, den es gilt, im Gespräch zu treffen. Dieser Kern liegt immer unter der Gesprächsoberfläche und betrifft meist das, was uns am Verhalten unseres Gegenübers stört, ärgert und kränkt. Wenn wir uns das als „Eisberg" vorstellen, sähe dieser etwa so aus:

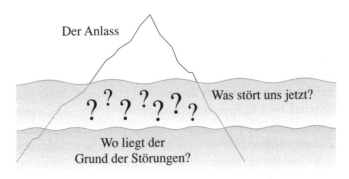

Abbildung 1: Der „Eisberg" unserer unerfüllten Bedürfnisse

Wenn wir uns nicht sicher sind, wie die Störungen für uns zu klären sind, hilft das „innere Team".

Konflikte finden nicht in erster Linie zwischen Menschen statt, sondern in uns selbst. Mehrere „Seelen" wohnen in unserer Brust. Besonders als Führungskraft ist uns bewusst, dass wir zwei Teams führen müssen: unser eigenes und das oder die in unserem Unternehmen. Wichtig für Konflikte sind an dieser Stelle zwei Fragen: Was stört mich hier genau? Und: „Warum trifft es mich so sehr?" In der kritischen Auseinandersetzung mit diesen Fragen können wir uns die einzelnen Seelen in unserer

Brust als einzelne Mitglieder eines Teams vorstellen, die gehört und beachtet werden müssen, wenn wir unsere Konflikte erfolgreich lösen wollen. Hier als Führungskraft entscheiden zu müssen ist oft äußerst schwierig. Es besteht gerade im arbeitsreichen Tagesgeschäft die Gefahr, dass wir zwar einen Widerstreit in uns spüren, diesen Punkt aber übergehen und wichtige innere Argumente außer Acht lassen. Unsere inneren Blockaden enthalten jedoch immer nützliche Hinweise, denen wir folgen sollten.

4.5 Das Ziel: Eigene Motive und Ressourcen erkennen – Konflikte lösen

Was passiert in unserem Beispiel bei Frau Salomon? Zunächst hat sie mit ihrer derzeitigen Position eine wichtige Hürde genommen: Nach einer Zeit der Arbeitslosigkeit hat sie eine neue Anstellung gefunden und sich dabei sogar noch verbessert. Sie hat also bei sich selbst ein großes Veränderungspotential mobilisiert. Eine solche Situation hat jedoch in der Regel die Komponente des Sich-in-Frage-Stellens. Unser „inneres Team" tritt auf den Plan mit Aussagen wie: „Mein Gott, ob du das alles schaffst?", „Hast du nicht etwas zu hoch gegriffen mit diesem Job?" Kritische und selbstabwertende Aussagen tauchen in solchen Veränderungssituation nicht selten auf. Unser „inneres" Team kann dabei aus dem Tritt geraten: Einige Teammitglieder zeigen sich mit destruktiver oder auch unbegründeter Kritik. Das kann leicht dazu führen, dass wir plötzlich zwei Gegner haben: einen inneren und – wie in unserem Bespiel im Verhältnis zwischen Frau Salomon und Herrn Nebel – einen äußeren. Hier beginnen wir zu bekämpfen, was wir selbst nicht akzeptieren können – und bekämpfen damit uns selbst.

Negative Stimmen in uns können jedoch eine wichtige Funktion einnehmen: Sie weisen uns auf Risiken hin, zum Beispiel, dass wir uns in dieser Situation tatsächlich überfordern könnten. Diese Warnfunktion ist wichtig, wenn wir nicht in innere Konflikte geraten wollen. Deshalb müssen wir unser inneres Team und seine Stimmen ernst nehmen. Die kritischen Teammitglieder müssen gehört und beachtet werden, ohne dass wir ihnen erlauben, uns zu dominieren.

Um zu unserem Beispiel zurückzukehren: Was passiert im Konflikt zwischen Frau Salomon und Herrn Nebel?

Frau Salomon findet Herrn Nebel unsympathisch, zu machtbewusst und intrigant. Sie hätte ihn gern sympathisch, zufrieden in seiner Mitarbeiterrolle und kooperativ. Würde Frau Salomon diese negativen und positiven Eigenschaften betrachten und beschreiben, welche – ganz ehrlich – sie sich selbst zuschreiben würde, dann gehörten dazu ganz sicher „machtbewusst" und „intrigant". Ihr eigenes Ziel war es immer, die Rolle der Mitarbeiterin zu verlassen, und für ihre Position als Abteilungsleiterin hat sie durchaus manchmal Intrigen unter ihren Kollegen gesponnen, um selbst in besonders günstigem Licht zu erscheinen.

Zunächst einmal hilft ihr hier die Erkenntnis, dass sie persönliche Eigenschaften auf Herrn Nebel projiziert, ihn mit anderen Augen zu sehen.

Frau Salomon versteht, dass ihr in Gestalt ihres Mitarbeiters hier ein Spiegel vorgehalten wird, und ist auf dem besten Weg zu differenzieren: Welche Eigenschaften hat mein Mitarbeiter Herr Nebel tatsächlich, und welche schreibe ich ihm zu, auf der Basis meiner eigenen Persönlichkeit und Erfahrungen?

Was Herrn Nebel betrifft, so wissen wir aus unserem Beispiel, dass er Frau Salomon gegenüber feindselig eingestellt ist und ihr Verhalten attackiert. Wenn wir andere Menschen angreifen – verbal oder physisch – betrachten wir das Leben als einen Kampf, den es zu gewinnen gilt, häufig als Reaktion auf unsere Eltern, die starke Kontrolle ausgeübt haben, oder auf andere Autoritätspersonen.

Herr Nebel befindet sich also im Zustand der „Mobilisierung" vor einem Krieg, weil er mit einem Gegner rechnet, der angreifen will und wird. Deshalb ergreift er die Initiative, bevor es seine „Gegnerin" tut. Mit diesen Attacken schafft er es, Frau Salomon zu verletzen und in gewisser Weise invalide zu machen – er sucht damit ihr Verhalten zu kontrollieren, weil er sie als die Überlegene empfindet. Er spricht nicht aus, worum es ihm wirklich geht – möglicherweise fühlt er sich in seiner Rolle als Vertrauter des Chefs nicht ausreichend anerkannt oder hat ein Problem mit seiner weiblichen Chefin –, sondern versucht, sie „klein zu reden". Damit greift er Frau Salomon auf der emotionalen Ebene an, zielt auf ihr Selbstwertgefühl, statt das Problem auf der sachlichen Ebene zu lösen. Hier könnte er sich zum Beispiel in eine andere Abteilung versetzen lassen oder in einer Stabsfunktion arbeiten, die ihm größere Nähe zum Chef garantiert.

LEITSÄTZE

Identifizieren Sie fünf Mitglieder Ihres „inneren Teams".

Geben Sie Ihnen Namen, z. B. „der Bremser", „der Perfektionist", „der Harmoniesüchtige".

Klären Sie für jedes dieser Teammitglieder die folgenden Fragen:
- Helfen sie mir bei der Lösung meines aktuellen Problems?
- Unterstützen sie mich auf dem Weg zu meinem Ziel?
- Helfen sie mir, mich gut zu fühlen?
- Sind sie meiner Gesundheit förderlich?

Wenn Sie für eines oder mehrere Ihrer Teammitglieder die Fragen mit „Nein" beantworten, entfernen Sie diese aus Ihrem „inneren Team". Suchen Sie sich für jedes aussortierte Teammitglied ein neues, das Sie positiv unterstützt.

- Zwei Phasen:

A. Betrachten Sie jetzt Ihren Konfliktpartner. Welche negativen Eigenschaften schreiben Sie ihm zu? Was ärgert Sie an ihm am meisten? Welche Verhaltensweisen sollte er ändern? Seien Sie ehrlich – Sie dürfen beschuldigen und politisch nicht korrekte Begriffe benutzen!

B. Wechseln Sie die Seiten: Setzen Sie jetzt Ihren eigenen Namen an die Stelle Ihres Konfliktpartners. Wo sehen Sie Parallelen? Vergleichen Sie sie mit den Mitgliedern Ihres „inneren Teams": Mit wem führen Sie das Verhalten herbei, das Sie so ärgert?

4.6 Der Nutzen: Unsere Schattenseiten nicht als Feinde betrachten, sondern als Verbündete nutzen

Was bringt uns dieses Thema für uns persönlich und für unseren beruflichen Alltag? Mehrere Vorteile. Wenn wir akzeptieren, dass alle Eigenschaften, die wir an anderen Menschen wahrnehmen, zu gleichen Teilen mit diesen Menschen und mit uns selbst zu tun haben, werden wir sie und uns klarer sehen und toleranter mit ihnen umgehen. Das heißt, diese Erkenntnis bringt Vorteile für alle Beteiligten und führt letztlich zu einem entspannteren Umgang mit schwierigen Zeitgenossen, privat und beruflich.

Darüber hinaus nutzen wir, was uns stört, zur Selbstreflexion und Verbesserung unseres Verhaltens in Konflikten, wir nutzen es nicht mehr, um Krieg zu führen. Wenn wir Attacken auf andere Menschen führen, zeigen wir damit, dass wir das Leben als Krieg betrachten, in dem wir in die Schlacht ziehen. Wir sind ständig mobilisiert, weil wir unsere Umwelt als Feind betrachten. Jeder will uns scheinbar an die Gurgel – deshalb kommen wir ihm zuvor. Wir verletzen ihn verbal, bevor wir selbst verletzt werden können. Meist treffen wir unser Gegenüber damit, aber in der Regel nicht dort, wo der Konflikt tatsächlich stattfindet. Dieses Verhalten verhindert, dass wir zum eigentlichen Kern des Konflikts vordringen und das Problem dort lösen.

4.7 Die Strategie: See it and free it!

Frau Salomon muss sich selbst in der Weise akzeptieren, dass sie ihre eigenen „schlechten" Eigenschaften akzeptiert, die sie an sich nicht besonders mag und daher auf die Schattenseite geschoben hat. Die Situation mit Herrn Nebel ist eine gute Gelegenheit, ihre eigenen Schattenseiten ans Licht zu holen. Auch „schlechte" Eigenschaften haben gute Seiten: Frau Salomon wäre ohne ihr Machtbewusstsein und ihre Fähigkeit, sich in den Vordergrund zu stellen, sicher nicht Abteilungsleiterin geworden. Sie wird mit dieser Erkenntnis ihre eigene Persönlichkeit mit ihren guten und schlechten Seiten anerkennen und damit ihre Potentiale weiter ausschöpfen. Das heißt auch, sie kann in ihrem speziellen Konflikt Herrn Nebel mit mehr Toleranz begegnen und weniger Energie für ihren persönlichen Ärger einsetzen. Damit wird sie größere Zufriedenheit erlangen und sich wieder wichtigeren Dingen zuwenden.

Für sich persönlich klärt Frau Salomon die Frage, warum sie die Eigenschaften „machtgewusst" und „intrigant" nicht mag und wieso sie diese Eigenschaften versteckt. Sie kommt zu der Erkenntnis, dass in ihrer Familie seit jeher „kleine Mädchen zu sehen sein sollten, aber nicht zu hören", und dass sie sich auch als erwachsene Frau gegenüber den Eltern nie getraut hat, dies offen abzulehnen. In ihrem Berufsleben hatte sie jedoch Chefs, die sie unterstützten, Verantwortung zu übernehmen, also auch Macht zu haben, und die ihr gestatteten, sich in den Vordergrund zu stellen. Frau Salomon möchte diese Eigenschaften eigentlich auch weiterhin leben. Für sich selbst beschließt sie, die negativen Gedanken und Zweifel zu bearbeiten, die in Form ihrer „inneren Stimmen" regelmäßig zu ihr sprechen.

Innere Stimmen sprechen häufig zu uns und sagen, das, was wir gerade tun, ist Unsinn, dass wir es nicht schaffen werden, den Job zu wechseln, oder wir hören: „Wer glaubst du eigentlich, wer du bist, dass du eine solche Aufgabe meistern wirst?" Das heißt, wir machen uns selbst mit solchen Aussagen systematisch klein.

Was hat das mit unserem Berufsleben zu tun? Eine ganze Menge, denn hier geht es darum, Techniken zu lernen, um Hindernisse abzubauen, die wir uns selbst durch unsere negativen Gedanken schaffen. Es geht auch darum, die Art von Konflikten zu vermeiden, die durch verbale Attacken entstehen. Oftmals sind unsere inneren Stimmen so stark zu Glaubenssätzen geworden, dass wir nicht mehr klar hören, was unsere Gesprächspartner sagen: Wir antworten automatisch. Damit sind wir in der Defensive, was wir dann häufig durch verbale Attacken wettmachen.

Wie kann das konkret aussehen? Frau Salomon kennt all die Sätze ganz genau, die dazu beitragen, dass zum Beispiel ihre Ängste vor der Selbständigkeit geschürt werden. Was kann sie dagegen tun? Sich und die „Angreifer" damit konfrontieren. Dabei müssen wir nicht zu deren Mitteln greifen. Gerade im beruflichen Alltag ist es wichtig, keine dauerhaften Konflikte entstehen zu lassen.

Dabei hilft die Strategie, hinschauen – beleuchten – verfolgen. Das Hinschauen kann zum Beispiel eine Rückfrage sein: „Haben Sie gerade wirklich in der Runde der Abteilungsleiter gesagt, dass mein Bericht schrottreif ist?" Wenn wir die Reaktion unseres Gesprächspartners verstehen wollen, müssen wir das Thema mit Fragen zum Verständnis beleuchten, also etwa: „Wenn Sie das sagen, was meinen Sie damit konkret?" Wenn uns an dem Kontakt etwas liegt und wir die Tür in eine Zukunft der konstruktiven Kommunikation auflassen wollen: „Wenn Sie in Zukunft ein Problem mit meinen Berichten haben, bitte ich Sie, mir das sofort und persönlich zu sagen." Speziell für ihren Mitarbeiter Herrn Nebel nimmt sich Frau Salomon vor, ihr Machtbewusstsein positiv zu nutzen und ihm deutlichere Grenzen zu setzen.

Wichtig ist die Erkenntnis, dass der aktuelle Konflikt natürlich in der Gegenwart angesprochen und gelöst werden muss. Wenn wir projizieren, statt uns selbst zu beleuchten, bleiben wir in der Vergangenheit stecken. Wenn wir hingegen unsere eigene Unter- und Innenwelt mit den hier vorhandenen Ressourcen nutzen, werden wir Konflikte lösen. Wir nehmen in unserem Berufsleben eine positive und optimistische Haltung ein, die langfristig dazu beiträgt, Konflikte zu vermeiden.

Dazu eine Anekdote des Architekten Frank Lloyd Wright, der von einem Reporter beobachtet wurde, wie er in sein Auto stieg, den Rückspiegel abbrach und aus dem Fenster warf. Auf die Frage, warum er das tue, antwortete Lloyd Wright: „Weil mich nicht interessiert, wo ich herkomme – sondern wohin ich fahre."

4.8 Übung

Bitte stellen Sie sich eine Person vor, die bei Ihnen
„so richtig die Knöpfe drückt".

Es handelt sich um _____

Seine/Ihre **positiven** Eigenschaften	Seine/Ihre **negativen** Eigenschaften

Bitte unterstreichen Sie die Eigenschaften,
die mit Ihnen selbst etwas zu tun haben.

- Was gefällt Ihnen nicht an diesen Eigenschaften?
- Warum verstecken Sie selbst diese Eigenschaften?
- Was brauchen Sie, um diese Eigenschaften offen zu zeigen und zu leben?
- Welche Maßnahmen möchten Sie konkret ergreifen, um diese Eigenschaften zu leben?

Zur persönlichen Auswertung der Übung

Wie kann ich meine negativen Gedanken über mich selbst stoppen? Wie gehe ich mit meinen inneren Stimmen um, die bei mir die „Knöpfe drücken"?

Bitte schreiben Sie in die linke Spalte der Tabelle jeweils eine Aussage, die Sie als negative innere Stimme hören. Also zum Beispiel: „Du darfst dich nicht in den Vordergrund stellen", „Sei doch nicht so stur", „Du musst akzeptieren, was dein Chef sagt."

Wandeln Sie im zweiten Schritt Ihre negativen inneren Stimmen in positive Aussagen um, die für Sie persönlich stimmen und nach denen Sie leben wollen.

Meine negativen inneren Stimmen:	Meine positiven inneren Stimmen:

5. Von der Realität geleitet oder von der eigenen Idee

Wie Sie Ihre Werte zur Konfliktlösung nutzen

5.1 Einführung

Was zählt in unserer Gesellschaft? Woran glauben Menschen heute? Und was ist uns im 21. Jahrhundert besonders wichtig? Denken wir über diese Fragen bewusst nach? Eher nicht. Unser beruflicher Alltag, das Streben nach Geld und Anerkennung bestimmen einen großen Teil unseres Lebens. Wer sich nichts leisten kann und keine Statussymbole vorzeigt, scheint nichts wert. Geld ist das goldene Kalb unserer Gesellschaft geworden. Damit können wir vieles kaufen, das Geld selbst aber ist ohne Substanz. Darüber hinaus ist Geld etwas, das wir von außen erhalten, das aber unseren Wert in der Berufswelt dokumentiert und manchmal auch die Macht des Geldgebers über uns. Wir verdienen vielleicht viel, zahlen dafür aber unter Umständen einen hohen Preis: den Verzicht auf Bereiche unserer Persönlichkeit, der Verwirklichung unserer Visionen.

Welche Bedeutung hat unser Einkommen für die Vermeidung von Konflikten? Welche Rolle spielen dabei unsere Werte? Wir sind privat und beruflich in Bestform, je mehr wir uns unseres Wertes bewusst sind, je besser wir unsere Werte kennen und je authentischer wir sie leben. Werte spielen seit jeher in unserer abendländischen Kultur eine Rolle: Denken wir nur an die drei Grundtugenden Glaube, Liebe, Hoffnung. Oder die Kardinaltugenden, die – angepasst an das 21. Jahrhundert –

Werte darstellen, die für Erfolg im beruflichen Umfeld stehen: Klugheit, Selbstbeherrschung, Entscheidungsstärke, Fairness.

Wenn es uns gelingt, unsere persönlichen Wertvorstellungen in den Vordergrund zu rücken und uns nicht zum Erfüllungsgehilfen äußerer Bedingungen machen zu lassen, treffen wir unsere Entscheidungen auf der Basis dessen, was in uns steckt. In uns wirken Werte, die unser Handeln bestimmen. Wir müssen uns nicht in erster Linie als bezahlte Ware verstehen, die äußeren Erwartungen und den Sichtweisen anderer gerecht wird, sondern können mit einem gut funktionierenden Wertekonzept als Individuum leben und arbeiten, das seine Zufriedenheit und Stärke aus der eigenen Persönlichkeit heraus entwickelt.

Wertesysteme von Menschen sind jedoch sehr unterschiedlich und manchmal schwer kompatibel. Wenn solche Systeme aufeinanderprallen, kann das im beruflichen Kontext erhebliche Konflikte auslösen.

5.2 Ein Beispiel

Anne Schmidt und Günther Hauck arbeiten beide in einer internationalen Großbank. Frau Schmidt ist dort seit zwei Jahren als Leiterin der Presseabteilung tätig, Herr Hauck seit fast zehn Jahren Leiter der Öffentlichkeitsarbeit. Beide sind dem Vorstand direkt unterstellt. Frau Schmidt ist im vierten Monat schwanger, als ihr Chef, der im Vorstand für den Bereich Presse und Öffentlichkeitsarbeit zuständig ist, plötzlich das Unternehmen verlässt. Diese wird jetzt zusätzlich dem Finanzvorstand übertragen, einem langjährigen Manager der Bank, der 62 Jahre alt ist. Dieser sieht in der Presse- und Öffentlichkeitsarbeit Einsparpotential und findet, dass ein einziger Abteilungsleiter in diesem Bereich ausreicht. Da er Herrn Hauck seit langem kennt, will er ihm die Gesamtleitung der Abteilung Presse- und Öffentlichkeitsarbeit, also auch den Bereich von Frau Schmidt, übertragen. Außerdem vermutet er, dass Frau Schmidt nach der Geburt ihres Kindes weniger arbeiten und sich vor allem ihrer Familie widmen will.

Er vereinbart ein Gespräch mit Frau Schmidt, um sie als Erste über die geplante neue Entwicklung zu informieren: Herr Hauck, jetzt ihr Kollege auf gleicher Hierarchieebene, wird künftig ihr Chef sein. Als Frau Schmidt diese Neuigkeit von ihrem neuen Chef erfährt, ist sie wütend und zeigt es auch: „Ich verstehe nicht, wieso Herr Hauck die Gesamtleitung der Abteilung erhält! Ich bin zwar noch nicht so lange im Unternehmen wie er, habe aber die qualifiziertere Ausbildung, bin promoviert und verfüge über mehr Erfahrung aus einer anderen internationalen Bank!" Frau Schmidt kocht innerlich. Ihr Chef macht Erklärungsversuche: „Ich verstehe Ihren Einwand, aber da Sie in absehbarer Zeit Mutter werden, nehme ich an, dass Sie in Zukunft mehr Zeit für Ihre Familie haben möchten. Sie werden mit einem Baby zu Hause nicht mehr so einsatzfähig sein wie bisher." Frau Schmidt kann kaum noch an sich halten vor Ärger: „Ich weiß nicht, wie Sie darauf kommen, dass ich weniger arbeiten will: Mein Mann und ich werden eine Betreuung für unser Kind organisieren, sodass ich bei meiner Arbeitszeit keine Abstriche machen muss. Für unser Kind wird also gesorgt sein, und ich hatte nie die Absicht, meine Karriere zu unterbrechen – nach dem Mutterschutz stehe ich wieder in vollem Umfang zur Verfügung!"

Frau Schmidts Chef ist jetzt ratlos: Was soll er noch sagen? Er will auf jeden Fall seinen Plan durchsetzen und Herrn Hauck die Abteilungsleitung übertragen. Frau Schmidts Ausbruch ist ihm unangenehm, weil er findet, dass Mütter zu ihren Kindern gehören und nicht ihre Karriere in den Vordergrund stellen sollten.

Frau Schmidt kann sich nach dem Gespräch kaum beruhigen: Sie hat das Gefühl, von ihrer Bank im Stich gelassen zu werden. Die Entscheidung ihres Chefs empfindet sie als Rückkehr in die Steinzeit.

5.3 Das Thema: Werte als Wert erkennen

Was führt hier zu Diskrepanzen? Sicher die unterschiedlichen persönlichen Wertvorstellungen und ihre Integration in die Arbeitswelt.

Frau Schmidts Chef hat offenbar andere Wertvorstellungen als Frau Schmidt. Beide glauben an die Familie, verstehen darunter aber etwas anderes. Im Konzept von Frau Schmidts Chef gehört in einer Familie die Frau ins Haus zu ihren Kindern, nicht aber für Frau Schmidt. Sie will ihre neue Familie so organisieren, dass ihre Karriere darin einen eigenen Stellenwert hat. Während also der Finanzvorstand am traditionellen Familienmodell festhält, steht Frau Schmidt hier für ein Lebensmodell und Wertkonzept, das die Verwirklichung von Familie und Beruf gleichermaßen zum Ziel hat.

Dabei führen hier nicht eigentlich die unterschiedlichen Werte zum Konflikt, sondern die Annahme darüber, dass auf der anderen Seite dasselbe Wertesystem etabliert ist. Dies ist eine in Unternehmen weithin verbreitete Konfliktursache, gerade zwischen sehr hohen Hierarchieebenen – die in der Regel stark wertkonservativ geprägt sind – und jüngeren Mitarbeitern in Führungspositionen.

5.4 Zum Hintergrund: Was sind Werte und wie wirken sie in Konflikten?

Jeder Mensch hat Wertvorstellungen, die sich mit denen anderer decken, manchmal überschneiden und häufig auch nicht kongruent sind. Der Begriff „Wert" steckt in vielen Worten unserer Alltagssprache: wertvoll, wertschätzen, Wertgegenstand, materieller Wert, Bewertung von etwas oder jemandem. All diese Begriffe implizieren eine Vorstellung von dem, was wir uns erhoffen, was wir haben möchten oder auch ablehnen. Unsere Werte sind unsere Perspektive, denn die tiefste Verzweiflung befällt Menschen, wenn sie nichts Wertvolles mehr entdecken, das ihrem Leben Sinn geben könnte.

Um für Wertesysteme sensibel zu sein und zu erkennen, welche zu uns passen, müssen wir zunächst unser eigenes Wertesystem kennen. Erst dann werden wir feststellen, welche Werte mit unseren kompatibel sind und welche nicht. Machen Sie die Übung am Ende des Kapitels einmal mit Ihrer Familie und Ihren Freunden, Sie werden überrascht sein, dass Sie möglicherweise viele Werte gemeinsam haben. Gemeinsame

Grundwerte sind Bestandteil der Kultur einer Familie und bilden darüber hinaus den Kern eines Kulturkreises. Als Werte bezeichnet man grundsätzlich die Neigung, bestimmte Umstände anderen vorzuziehen. Werte sind Gefühle mit einer Orientierung zu Plus- oder Minuspolen: gut und böse, schön und hässlich, natürlich oder unnatürlich, rational oder irrational.

Werte gehören mit zu den ersten Dingen, die wir in unserem Leben lernen. Dabei nehmen wir sie nicht bewusst auf, sondern sie werden uns durch das Verhalten unserer Eltern und unserer Umgebung vermittelt. Unser Grundwertesystem ist im Alter von zehn Jahren mehr oder weniger fertig entwickelt. Weil sie so früh in unserem Leben erworben werden, sind uns unsere eigenen Werte eher nicht bewusst. Darüber hinaus gehören wir vielen unterschiedlichen Gruppen an und tragen somit auch zahlreiche Wertebenen in uns: eine nationale Ebene, entsprechend dem Land, in dem wir geboren sind und/oder in dem wir leben, eine regionale, ethnische und/oder religiöse Ebene mit eventuell unterschiedlichen Sprachräumen, die Ebene des Geschlechts, je nachdem, ob wir als Mädchen oder Junge geboren wurden, die Ebene der Generation, der sozialen Klasse in Verbindung mit Bildungsmöglichkeiten sowie mit Arbeit und Beruf, die Ebene der Organisation oder Firma nach der Art, wie wir dort sozialisiert werden.

Welchen Vorteil hat die Reflexion eigener Werte vor allem für unser Berufsleben? Wir werden uns zum Beispiel darüber klar, was uns selbst und unser eigenes Leben ausmacht und woran wir glauben. Glauben wir zum Beispiel eher an uns selbst und unsere eigene Macht oder an die unseres Arbeitgebers? Möglicherweise tun wir das, wenn wir in einem westeuropäischen Land angestellt arbeiten. Häufig finden wir auch, dass unser Leben zu einem großen Teil fremdbestimmt ist und wenig Zeit zum Nachdenken bleibt. Hier brauchen wir unseren persönlichen inneren Kompass, der uns leitet, und seine Nadel können unsere Werte sein, die uns die Richtung weisen. Wenn wir unseren Wertekompass einstellen, macht er uns eher unabhängig von äußeren Einflüssen, leitet uns durch private und berufliche Krisensituationen. Er kann die Grundlage für unseren persönlichen und beruflichen Erfolg bilden.

5.5 Das Ziel: Eigene Werte leben und damit Konflikte vermeiden

Wie kann in unserem Beispiel die Lösung aussehen? Offenbar ist der Chef entschlossen, Herrn Hauck zum Abteilungsleiter zu machen. Frau Schmidt scheint in einer Sackgasse. Ihre Argumente, dass sie die Qualifiziertere für die Position der Abteilungsleiterin ist, werden nicht gehört. Welche Möglichkeiten gibt es?

Offenbar ist Frau Schmidt in einer Zwickmühle: Wie sich in dem Beispiel herausgestellt hat, haben sie und ihr Chef eigentlich den gleichen Wert „Familie", jedoch mit unterschiedlichen Vorstellungen darüber, wie er gelebt werden sollte. Frau Schmidt hat hier das Problem, dass sie ihren Chef – wenn sie das Problem lösen will – auf seine persönliche Annahme ansprechen muss: immer eine heikle Angelegenheit. Dennoch lohnt es sich für Frau Schmidt – schließlich geht es um die Position des Abteilungsleiters – hier auszuloten, welchen Verhaltensspielraum ihr Chef zu diesem Thema hat. Die besondere Kunst ist dabei, sein Verhalten ihr gegenüber zunächst positiv zu würdigen. Das ist angesichts des Ärgers, den der Chef bei Frau Schmidt mit seinem Vorschlag erregt hat, Herrn Hauck zum Abteilungsleiter zu machen, keine leichte Aufgabe. Der Konflikt sollte keinesfalls weiter verschärft werden, indem sich beide ihre Standpunkte vorwerfen. Dabei kommt es leicht zu Situationen, die keiner „gern auf sich sitzen lassen will" und die Konflikte eskalieren lassen.

Den „richtigen" Berg erklimmen: Aufstiegshilfe für konfliktfreie Kommunikation

Wie also vorgehen? Frau Schmidt hat die Möglichkeit, ein klärendes Gespräch herbeizuführen und die Ansicht ihres Chefs zunächst positiv zu würdigen: „Ich bin Ihnen dankbar für Ihre Offenheit und respektiere Ihren Wunsch, Herrn Hauck zum Abteilungsleiter zu machen. Ich freue mich auch darüber, dass Sie meine Rolle als werdende Mutter dabei berücksichtigen. Ich habe jedoch Zweifel, ob meine beruflichen

Fähigkeiten im Zusammenhang mit Ihrer Entscheidung ausreichend gewürdigt werden. Außerdem fühle ich mich dadurch demotiviert. Da ich meine Fähigkeiten dem Unternehmen weiterhin in vollem Umfang zur Verfügung stellen will, bitte ich Sie, Ihre Entscheidung noch einmal zu überdenken." Was tut Frau Schmidt hier konkret? Sie geht in die Konfrontation mit ihrem Chef, aber nicht ohne ihm vorher ausdrücklich zu erklären, dass sie seine Meinung und sein Verhalten akzeptiert. Damit leistet sie gewissermaßen Entwicklungshilfe zur Lösung des Konflikts.

Eigene versus Unternehmenswerte: Ablehnen oder akzeptieren?

Wichtig als Grundlage des Gesprächs von Frau Schmidt ist die Kenntnis über die Werte des Unternehmens. Wie steht das Unternehmen werdenden Müttern gegenüber? Ist es um die Erhaltung der Arbeitskraft qualifizierter Frauen bemüht? Welche Maximen vertritt die oberste Führungsebene? Gibt es hier Unterschiede für Männer und Frauen? Ist es erwünscht, dass Mitarbeiter des Unternehmens Privates und Berufliches in Einklang bringen?

Die eigene Einstellung kommunizieren

Wie kann man einen solchen grundsätzlichen Wertekonflikt lösen? Frau Schmidt kann ihrem Chef ihre Vorstellung von Familie weiter erläutern, aber dass er deswegen seine Meinung ändert, ist unwahrscheinlich. Das ist auch im vorliegenden Beispiel nicht geschehen. Menschen werden ihre Meinung ändern, nicht aber ihre Wertesysteme. Die sind fest in uns verankert. Gerade für Führungskräfte ist es jedoch unerlässlich, unterschiedliche Wertesysteme reflektieren und handhaben zu können, wenn sie Konflikte vermeiden und Mitarbeiter im Unternehmen halten wollen.

Was kann man grundsätzlich tun, um nicht in Wertekonflikte zu geraten? Seine Firma sehr genau aussuchen. Wenn uns persönlich der Wert „Familie" sehr wichtig ist, sollten wir darauf achten, wie in unserem Unternehmen mit dem Wert „Familie" umgegangen wird, um bei unserem Beispiel zu bleiben. Passen unsere persönlichen Werte (siehe Übung) zu den Werten unserer Firma?

Damit sind wir wieder beim Thema Geld. Die Höhe unseres Gehaltes sagt etwas aus über unsere Stellung im Unternehmen, über unseren Wert für die Firma. Der Wert unserer Arbeitskraft bestimmt jedoch nicht den Wert unserer Person, eine Tatsache, die wir uns besonders als Manager vor Augen führen sollten.

LEITSÄTZE

- Passen meine eigenen Werte zu meiner Rolle im Unternehmen?
- Passen meine Werte zu den Werten des Unternehmens, in dem ich arbeite?
- Kann ich Wertschätzung für andere Werte ausdrücken?
- Beherrsche ich das Instrumentarium konfliktfreier Kommunikation: Offenheit + Akzeptanz + Konfrontation = Entwicklung?

5.6 Der Nutzen: Autonomie sichern in Konfliktsituationen

Unsere Werte sind unser Zentrum, die Quelle, die uns zu unseren Handlungen inspiriert. Wenn wir das Zentrum stärken, von innen nach außen handeln, macht uns das unabhängiger von den Unwägbarkeiten unseres privaten und beruflichen Lebens. Wir stärken unsere Basis, um die Richtung selbst zu bestimmen und dadurch persönliche Lebensqualität zu gewinnen. Wir geben uns selbst die Chance, uns von unseren eigenen Ideen leiten zu lassen und weniger von unserem Umfeld. Unser Selbstwert steigt.

Dieser hohe Selbstwert wird uns dabei unterstützen, in Konfliktsituationen die Kontrolle zu behalten und unseren eigenen Standpunkt zu vertreten. Wer wir sind und was wir denken wird mit dem, was wir tun, übereinstimmen – eine starke Ausgangslage, die uns gerade in Konfliktsituationen hilft.

5.7 Die Strategie: Werte konfliktfrei kommunizieren

Werte brauchen starke Wurzeln. Zunächst müssen wir uns selbst mit unseren eigenen Werten auseinander setzen. Wenn wir im beruflichen Alltag stark exponiert sind, in einer Führungsrolle oder in der Öffentlichkeit, geben wir ständig viel nach außen ab. Der Druck ist hoch, die Sichtweisen von Chefs, Mitarbeitern und Zielgruppen mit der eigenen Perspektive in Einklang zu bringen. Das birgt die Gefahr in sich, dass wir mit der Zeit angepasster werden und unsere eigene Individualität, oftmals unbewusst, in den Hintergrund stellen. Das kann für den beruflichen Alltag von Vorteil sein, sichert ein gewisses Maß an Anpassung doch eine reibungsfreiere Kommunikation.

Auf die Dauer werden wir jedoch durch ein sehr hohes Maß an Anpassung innere Konflikte hervorrufen, die uns von unserer Individualität ein Stück entfernen. Je konturloser wir im Hinblick auf unsere eigenen Werte sind, umso mehr riskieren wir, in Konflikten zum Spielball von Interessen zu werden. Wir riskieren auch, unser Verhalten davon kontrollieren zu lassen, wie andere uns behandeln.

Wenn wir hier den Mut haben, unsere Individualität in den Vordergrund zu stellen und zu kommunizieren, werden wir als Führungskraft respektiert, riskieren aber natürlich auch, dass uns nicht alle mögen.

... mit Offenheit: Die Kultur individueller Absprachen pflegen

Unterschiedliche Werte brauchen die offene Auseinandersetzung. Wenn wir in unserem Unternehmen, bei unserem Chef oder unseren Mitarbeitern Werte entdecken, die von unseren eigenen abweichen, ist Vorsicht geboten. Gerade in Konfliktsituationen können unterschiedliche Werte die Lage verschärfen und den Konflikt stark eskalieren lassen. Umso wichtiger ist es, Werte offen anzusprechen. Führungskräfte sollten nicht um des lieben Friedens willen Unterschiede negieren. Hier ist es für die Konfliktvermeidung entscheidend, dass wir die Wertvorstellungen unseres Gegenübers nicht negativ bewerten, sondern ausdrücklich unsere Wertschätzung ausdrücken. Wenn wir dies unterlassen, führt das fast ausnahmslos zu einer schnellen Verhärtung der Fronten im Konflikt. Werte sind darüber hinaus ein so grundsätzlicher Bestandteil unserer Persönlichkeit, dass, sie zu ignorieren, unweigerlich zu langfristigen Konflikten führt.

... mit Akzeptanz: Keine Erwartungen projizieren

Wenn es uns darüber hinaus als Manager gelingt, unsere eigenen Wertvorstellungen nicht auf unsere Mitarbeiter zu übertragen, sondern für andere Wert- und Lebenskonzepte offen zu sein, haben wir den Weg zur konfliktfreien Kommunikation erfolgreich beschritten. Möglicherweise ist einer unserer wichtigsten Mitarbeiter weniger durch die klangvolle Bezeichnung seiner Funktion oder die hohe PS-Zahl des Dienstwagens zu motivieren als durch den Grad der Verantwortung, die er für bestimmte Arbeitsinhalte trägt. „Gut dastehen" kann ein Wert sein, „gut sein" ein anderer. Beide sind nicht gut oder schlecht, sondern drücken unterschiedliche Grundwerte und Lebenskonzepte aus.

... mit Konfrontation: Leben als Verb, nicht als Zustand

Was müssen wir dafür tun? Zunächst einmal ist es wichtig, unsere Werte zu kennen und in ihrer Komplexität zu beschreiben. Ebenso wichtig ist es, hier Prioritäten zu setzen und herauszufinden, was uns wirklich leitet. Diese Leitwerte können wir bewusst in unser Leben integrieren, und sie werden uns durch die äußeren Unwägbarkeiten führen – als Kompass für den privaten und beruflichen Erfolg.

Schärfen Sie also Ihr Bewusstsein für die eigene innere Stimme, damit Sie nicht allein den äußeren Bedingungen der Arbeitswelt folgen müssen, sondern Ihren eigenen Weg bestimmen und gestalten.

Die folgende Übung wird Sie dabei unterstützen, Ihre eigenen Werte zu kennen und ihnen gemäß zu handeln.

5.8 Übung

Die folgenden Werte spielen in meinem Leben eine Rolle:

Meine wichtigsten acht Werte sind:

> Meine wichtigsten drei Werte sind:
>
> _____
>
> _____
>
> _____

Zur persönlichen Auswertung der Übung:

- Wie integrieren Sie diese Werte in Ihr Leben?
- In welchen Lebensbereichen spielen diese Werte eine Rolle?
- In welchen nicht?
- Warum nicht?
- Was werden Sie konkret tun, um Ihre wichtigsten Werte in Ihr Leben zu integrieren?

Die Übung unterstützt Sie dabei, Ihr inneres Leitsystem kennen zu lernen und ihm zu folgen. Situationen, die uns „gegen den Strich" gehen, in denen wir nicht im Einklang mit uns selbst stehen, sind häufig solche, in denen wir uns energielos und machtlos fühlen. Wenn Sie Ihr Wertesystem kennen, können Sie solche Situationen identifizieren, und Sie werden feststellen, dass Sie Verhaltensweisen der Menschen, die von anderen Werten geleitet werden als Sie selbst, nicht persönlich nehmen müssen.

6. Wollen Sie etwas anderes? Tun Sie etwas anderes!

Wie Sie Ihre Ziele umsetzen und dabei Konflikte vermeiden

6.1 Einführung

Wenn wir von der Zukunft eine Vorstellung entwerfen und unsere Vision entwickeln, verfügen wir bereits über den Panoramablick auf unsere Chancen. Gerade im beruflichen Alltag geht es darum, ganz konkrete Anstrengungen zu unternehmen, um den Weg zu unseren Möglichkeiten und zu unserem Erfolg tatsächlich zu beschreiten. Es geht um die Realisierung der eigenen Vision, um das Verfolgen unserer Ziele.

Dabei treffen wir in der Regel auf zahlreiche Konflikte. Zuerst meist auf einen inneren Widerstreit: Irgendetwas hält uns davon ab, unsere Vision tatsächlich zu konkretisieren. Meist fällt es uns leicht, Einwände gegen die neuen Möglichkeiten vorzubringen, aber wir tun uns schwer, konkrete Ziele zu formulieren. Noch schwerer fällt es uns in der Regel zu entscheiden, wie wir die Umsetzung planen und welche einzelnen Schritte wir tatsächlich auf unserem Weg unternehmen wollen.

6.2 Ein Beispiel

Karin Kunze ist 38 Jahre alt und Senior-Beraterin in einer PR-Agentur, die ihr Lebensgefährte zusammen mit einem Partner leitet. Sie arbeitet dort seit fast zehn Jahren und hat seit längerer Zeit das Gefühl, dass ihr Leben in einer Sackgasse steckt. Außerdem hat sich die Beziehung zu ihrem Lebensgefährten so entwickelt, dass beide ihren eigenen Interessen nachgehen und vor allem die Gewohnheit sie zusammenhält. Beruflich schlägt Frau Kunzes Herz nur noch bedingt für die Agentur. Es hat sich im Büro so eingebürgert, dass sie in erster Linie für die Akquisition von Neukunden verantwortlich ist, weil hier ihre besonderen Stärken im Organisieren und in der Kommunikation liegen. Sie gilt als Perfektionistin, wenn es um die Erfüllung der Wünsche ihrer Auftraggeber geht.

Insgesamt fehlt ihr jedoch die kreative Seite ihres Berufes. Frau Kunze interessiert sich persönlich sehr für Mode und Einrichtung und hat das besondere Talent, ihre Freunde und Bekannten gut zu beraten, wo sie zum Beispiel für ihre Inneneinrichtung Accessoires kaufen können, welche Räume in der Stadt für Veranstaltungen und Partys interessant sind. Das heißt, sie produziert viele Ideen, wenn es Neues zu planen gilt. Außerdem ist Frau Kunze eine sehr gefragte Gastgeberin, die gut und fantasievoll kocht und ihre Einladungen in ganz besondere Ereignisse verwandelt.

Seit etwa einem Jahr hegt Frau Kunze den Wunsch, ihre Kreativität und ihre Fähigkeiten in anderer Form und möglicherweise freiberuflich einzusetzen. Dem entgegen steht ihr ausgeprägtes Sicherheitsbedürfnis und die negative Einstellung ihres Lebensgefährten zu diesem Thema. Er sieht Frau Kunze als fest eingeplante und eingespielte Mitarbeiterin in seiner Agentur und will sie auf keinen Fall verlieren, zumal sie für ihn bei allen beruflichen und geschäftlichen Belangen die wichtigste Gesprächspartnerin ist. Bei Entscheidungen, die das Büro betreffen, berät er sich im Vorhinein eingehend mit ihr zu Hause.

Ihre Freunde, die Frau Kunze in ihren Wunsch eingeweiht hat, können sie sich gut in der Rolle als Geschäftsfrau für kreative Projekte vorstellen und reden ihr gut zu, ihre Ideen zu verwirklichen. Geht es jedoch um die mögliche Umsetzung des Plans, findet Frau Kunze immer wieder Ausflüchte, um das Thema nicht konkret werden zu lassen: zu viel Arbeit im Büro, die Sicherheit des Angestelltenverhältnisses an ihrem Arbeitsplatz, das festgefügte System in der Firma ihres Lebensgefährten.

Frau Kunze fühlt sich hin- und hergerissen zwischen ihrer jetzigen vertrauten, wenn auch unbefriedigenden Situation und ihrem Wunsch, etwas zu verändern. So hat sie bis jetzt den Startschuss für einen Wechsel nicht abgegeben ...

6.3 Das Thema: Das Fundament für die Zukunft legen und Entscheidungskonflikte bewältigen

Wenn wir Ziele konkret planen wollen, ist es von Nutzen, zunächst einmal Bilanz zu ziehen, was überhaupt in unserem Leben Platz haben soll und was nicht. Wo wollen wir aufräumen? Welches Fundament soll uns zukünftig tragen?

Vor den Entscheidungen gilt es, das Ziel konkret zu formulieren und seine Umsetzung zu sichern. Nichts ist frustrierender, als auf halber Strecke aufzugeben, weil sich uns Hindernisse in den Weg stellen. Dabei müssen wir zunächst vor allem innere Kämpfe ausfechten und Blockaden bewältigen, die unsere Fähigkeit zur Fokussierung behindern.

Wichtig ist, das Bewusstsein zu pflegen, immer die Wahl zu haben: das zu akzeptieren, was ist, oder Zeit und Energie in das zu investieren, was wir wollen und was uns unserer persönlichen Vision vom Leben ein Stück näher bringt. Wir sehen zwar nicht immer, welche Ereignisse in unser Leben treten, aber wir können zu jedem Zeitpunkt entscheiden, wie sich diese Ereignisse auf uns auswirken.

Wir sollten nicht zulassen, dass die Umstände uns bestimmen, sondern uns die Umstände schaffen, in denen wir unserer Berufung und Bestimmung ein Stück näher kommen. Das heißt, das Prinzip der Proaktivität anzuwenden, bei dem wir nicht nur die Initiative ergreifen, sondern darüber hinaus die Verantwortung für unser Leben übernehmen. Oder, wie Eleanor Roosevelt gesagt hat: „Niemand kann uns ohne unsere eigene Zustimmung weh tun." Emotional ist das unter Umständen schwer zu akzeptieren, besonders wenn wir dazu neigen, unsere

Probleme auf die Umstände zu schieben oder andere Menschen dafür verantwortlich zu machen. Dennoch müssen wir akzeptieren, dass, was uns heute ausmacht, durch unsere eigenen Entscheidungen von gestern entstanden ist. Nur so werden wir im Hier und Heute Entscheidungen treffen, die unserem Leben eine andere Richtung geben. In unserem Berufsleben kommt es, gerade wenn wir Konflikte dauerhaft vermeiden wollen, besonders darauf an, wie wir auf das reagieren, was wir erleben.

6.4 Zum Hintergrund: Den eigenen Film neu drehen – das Material konfliktfrei nutzen

Dabei schaffen veränderte Umstände neue Kontexte, in denen wir uns und andere sehen. Wir drehen gewissermaßen den Film unseres Lebens neu. Es geht nicht um das richtige Ziel und die richtige Lösung für das Problem, sondern um das Erkennen und Lösen von Konflikten innen und außen. Wir entwickeln wie ein Regisseur Ideen über Ziele und Wege, sie zu erreichen. Bereits hier entfalten diese Ziele eine große Kraft, die wir benötigen, um uns zu überwinden, ungewohnte Dinge zu tun oder zunächst unbequeme Verhaltensweisen auszuprobieren.

Dabei ist es von Nutzen, zunächst die Dinge aus unserem Leben zu beseitigen, die uns stören. Das kann im konkreten Fall Müll sein, der sich zum Beispiel in unseren Schubladen angesammelt hat. Oder Glaubenssätze, die uns in starkem Maße kontrollieren: „Ich habe diese Sturheit von meinem Großvater geerbt", wird uns zum Beispiel bei unserem Bemühen um mehr Flexibilität blockieren, oder: „Mein Vater hat mich so streng erzogen" in unserem Wunsch nach größerer Toleranz gegenüber anderen Lebensformen. „Mein Chef ist schuld, dass ich nicht mehr Gehalt bekomme" kann uns davon abhalten, selbst aktiv zu werden. Unser Ziel sollte sein, in allen Lebenssituationen möglichst viel selbst zu bestimmen und uns nicht davon beeinflussen zu lassen, wie andere uns behandeln. So werden wir uns ein großes Stück persönliche Freiheit sichern und Konflikten außen vorbeugen.

Der Umgang mit Emotionen spielt ebenfalls eine entscheidende Rolle. Negative Einstellungen: „Das klappt ja sowieso nicht" blockieren ebenso wie der Ausdruck von Hoffnungslosigkeit: „Das schaffe ich ja doch nie" oder eine stark defensive Haltung: „Ich kann nichts dafür, dass es so gekommen ist." Wir alle gehen ab und zu in die Falle dieser Einstellungen, besonders in Zeiten großer emotionaler Belastungen. Hier gilt es, unproduktive Maximen durch positive zu ersetzen und statt nach Hindernissen nach Möglichkeiten Ausschau zu halten.

Unser Ziel muss so konkret formuliert sein wie möglich: Schreiben Sie bitte etwas auf, das Sie bei sich selbst gern ändern würden. Wenn Sie es jetzt anschauen, enthält Ihr Wunsch eine negative Formulierung? Das wird bei etwa 60 Prozent von uns der Fall sein. Weitere 30 Prozent haben ihr Ziel sicher etwas diffus beschrieben, ohne weitere Präzisierung. Gut, wenn Sie zu den 10 Prozent der Menschen gehören, die ihre Ziele eindeutig und positiv vor sich sehen. Alle anderen wird die Übung am Ende des Kapitels bei den Vorbereitungen auf ihre Zielfindung unterstützen.

Unser Ziel muss unseren Werten entsprechen: Wenn wir zum Beispiel sehr sicherheitsbedürftig sind, ist es nicht ratsam, von heute auf morgen zu kündigen, um eine potentielle neue Aufgabe zu übernehmen. Das neue Ziel muss sich in unser Leben einpassen, das heißt, der angemessene Transfer unserer Zielformulierung muss gewährleistet sein. Wie wir das leisten? Durch klare und bewusste Entscheidungen darüber, welche Schritte wir konkret unternehmen werden, um unserem erwünschten Ergebnis näher zu kommen.

6.5 Das Ziel: Die Zukunft entwerfen – Ziele konfliktfrei entwickeln

Was heißt das für unser Beispiel? Frau Kunze hat zunächst ihre Vision entwickelt und eine Collage erstellt. Ihr Wunschbild zeigt sie im Kreis einer Familie: Ein gut aussehender Mann und zwei Kinder stehen mit ihr zusammen vor einem großen Haus, das von einem blühenden Garten umgeben ist. In einem weiteren Teil der Collage hat sich Frau Kunze als Geschäftsfrau dargestellt, umgeben von jungen Leuten, die ihre Ideen umsetzen. Frau Kunze findet ihre Vision besonders reizvoll, weil sie

Privatleben und berufliche Ambitionen unter einem Dach vereint. Sie findet, dass ihr Leben durch eine Familie extrem bereichert wäre und ihr Bedürfnis nach einer Partnerschaft und Kindern in dieser Vision ebenso erfüllt ist wie ihr Drang, kreativ zu arbeiten. Diese starken Wünsche nach einer Partnerschaft mit Kindern und nach Kreativität waren Frau Kunze bisher nicht so deutlich bewusst, und sie ist froh, dass sie mit dieser Vision vor Augen jetzt den nächsten Schritt in Richtung ihres Ziels gehen kann. Sie erhofft sich davon ebenfalls eine Lösung ihrer inneren Konflikte und ihrer beruflichen Unzufriedenheit.

Den Grundstein für das Ziel legen – Konflikten bei der Umsetzung vorbeugen

Was passiert hier bei Frau Kunze? An ihrem Arbeitsplatz ist sie unglücklich, und außer der vagen Vorstellung, ihre Fähigkeiten für eine selbständige Tätigkeit einzusetzen, hat sie keine Idee, wie sie ihr Ziel, zum Beispiel: „Ich bin selbständig und baue bis Ende des Jahres meine eigene Firma auf" angehen wird. Außerdem ist sie verunsichert, weil ihr Lebensgefährte von ihrer Idee wenig begeistert ist und seine Gewohnheiten bedroht sieht. Ihre Freunde stehen ihren Plänen zwar wohlwollend gegenüber, warnen sie aber auch einhellig vor den Risiken der Selbständigkeit ohne „Netz und doppelten Boden". Frau Kunze ist etwas überfordert, ihre Lebensplanung weiterhin allein in die Hand zu nehmen, und entscheidet sich für ein Coaching. Hier erarbeitet sie im ersten Schritt ihre persönliche Vision. Im zweiten Schritt schaut sie die einzelnen Bereiche ihres Lebens an: ihren Beruf, ihre Wohnung, ihre Freunde, ihre Beziehung und ihre Familie, ihren Körper und ihre Gewohnheiten. Wo liegen hier Störungen, die beseitigt werden müssen? Welche Hindernisse ziehen Energie ab, die den Veränderungsprozess blockieren?

Wichtig ist es hier herauszufinden, wer und was in unserem Leben grundsätzlich eine Rolle spielen soll. Dabei muss es uns gelingen, Widerstände zu beseitigen und damit den Prozess der Erneuerung und Überwindung innerer Konflikte in Gang zu setzen.

Mit Emotionen umgehen – innere Konflikte lösen

Zum Beispiel gilt es für Frau Kunze, die Emotionen zu berücksichtigen, von denen sie sich blockiert fühlt. In erster Linie ist sie unzufrieden mit ihrer Situation. Emotionen wie Unzufriedenheit sind eine „Komfortzone", in der wir uns einrichten und mit der wir lernen zu leben. Vor allem Angst und ein großes Sicherheitsbedürfnis scheinen Frau Kunze bisher davon abzuhalten, neue Ziele ins Auge zu fassen. Der angemessene Umgang mit Emotionen ist jedoch ein wichtiger Faktor, wenn wir neue Wege beschreiten und mit unseren Konflikten umgehen wollen. Dabei bestimmt das Verhältnis von positiven zu negativen Gefühlen unser Wohlbefinden in entscheidendem Maße. Wenn es uns nicht gelingt, unsere Ziele erfolgreich umzusetzen, liegt dies fast ausnahmslos auch an Gefühlen, die wir noch nicht bereit sind, zu akzeptieren. Oft hängen unsere Ängste mit emotionalen Vermächtnissen aus unserer Kindheit zusammen: Wir wurden beispielsweise belehrt, uns nicht in den Vordergrund zu drängen oder keinen Anspruch darauf zu haben, etwas Besonderes zu können oder zu sein. Hier ist es wichtig, sich diese Ängste bewusst zu machen und sie anzuerkennen, ohne sie negativ zu bewerten. Wenn sie nicht unterdrückt werden, vergehen sie und mobilisieren unsere Ressourcen für neue Wege.

Wichtig für Frau Kunze in unserem Beispiel ist es, den Mechanismus zu durchbrechen, der sie davon abhält, ihr Ziel konkret werden zu lassen. Wo liegt der Punkt, an dem sie zurückschreckt? In welchem Moment ihrer Überlegungen kommen die negativen Gedanken wie: „Ach, das schaffe ich ja sowieso nicht." An solchen zentralen Stellen schrecken wir oft unbewusst zurück. Um diesen Punkt zu identifizieren, hilft die Frage: „Was wäre das Schlimmste, das passieren könnte, wenn ich jetzt an dieser Stelle weitermachen würde? Was wäre das schlimmste Gefühl, das hochkommen würde?" Dann ist es wichtig, dieses Gefühl tatsächlich hochkommen zu lassen und zu akzeptieren. Einmal akzeptiert, wird es vorübergehen und uns nicht länger daran hindern, unser Ziel zu realisieren.

Das Ziel formulieren – mit dem Startschuss Konflikte vermeiden

Für den weiteren Weg der Umsetzung ist es wichtig, das Ziel richtig zu formulieren: Es muss SMART sein, simpel, messbar, als-ob-jetzt, also in der Gegenwartsform geschrieben, realistisch und mit einem konkreten Termin formuliert werden.

S	Simpel
M	Messbar
A	Als-ob-jetzt
R	Realistisch
T	Terminiert

Im Fall von Frau Kunze bedeutet das, eine Aussage darüber zu treffen, wie ihre Zukunft aussehen soll, zum Beispiel: „Ich bin eine erfolgreiche Geschäftsfrau, in zwei Jahren lebe ich in einer Partnerschaft mit Kindern und habe innerhalb des kommenden Jahres ein Geschäft mit kreativen Projekten aufgebaut." Wenn wir unser Ziel formuliert haben, ist es wichtig zu erkunden, wie wir emotional zu diesem Ziel stehen. Wie fühlen wir uns, wenn wir dieses Ziel laut aussprechen, möglicherweise vor einem Spiegel? Das Ziel sollte grundsätzlich positive Emotionen bei uns auslösen, auch wenn wir zu diesem Zeitpunkt noch keine Vorstellung davon haben, wie wir dorthin gelangen werden.

Hindernisse beseitigen und Entscheidungen treffen – der Weg zur langfristigen Konfliktvermeidung

Was Frau Kunze damit gewinnt? Sie entwickelt ihre Fähigkeit zu eigenverantwortlichen Entscheidungen. Je mehr wir die Verantwortung für unser eigenes Handeln übernehmen, umso weniger Konflikte lösen wir in unserer Umgebung aus. Wenn wir in dieser Weise Prioritäten setzen, werden wir auch angesichts unseres oft hektischen Alltags die Konzentration finden und Kurs halten. Hindernisse sind dabei zwar unausweichlich – einmal identifiziert, können wir sie jedoch durchaus in konkrete Maßnahmen und Unterstützungssysteme umsetzen. Wichtig ist, dass wir aktiv werden.

LEITSÄTZE

Wichtig ist dabei, dass wir uns an dieser Stelle bis zu einem Projektplan vorarbeiten, der unsere Schritte auf dem Weg zum Ziel so genau wie möglich beschreibt. Beantworten Sie sich dabei folgende Fragen:

- Beschreiben Sie bitte Ihr übergeordnetes Ziel oder Projekt, detailliert und positiv.
- Warum ist dieses Ziel für Sie wichtig?
- Was könnte Sie daran hindern, dieses Ziel zu verwirklichen?
- Schreiben Sie bitte zehn konkrete Maßnahmen auf, die Sie unternehmen wollen, um Ihrem Ziel näher zu kommen: in diesem Jahr, in diesem Monat, in dieser Woche.
- Welches System kann Sie dabei unterstützen, Ihr Ziel zu erreichen, es besser zu strukturieren, z. B. Freunde, eine Gruppe Gleichgesinnter, ein Mentor, ein Coach?
- Welche besondere Belohnung halten Sie für sich bereit, wenn Sie Ihr Ziel erreicht haben?
- Bitte erstellen Sie Ihren persönlichen Projektplan, der die Schritte zu Ihrem Ziel aufzeichnet und den Sie täglich vor Augen haben können, z. B. als Wandkalender, Grafik oder Statistik.

6.6 Der Nutzen: Von der Außensteuerung zur Eigensteuerung – der dritte Weg

Was wir davon haben? Wir entwickeln die Energie, in unserem Leben Fakten zu schaffen, die uns positiv unterstützen. Wir gestalten unser Leben und werden nicht von den äußeren Umständen bestimmt. Dabei entwickeln wir automatisch die Kraft, uns die Bedingungen zu schaffen, die uns positiv unterstützen, und üben somit Einfluss auf das aus, was in unser Leben neu eintritt.

Ganz so einfach ist das natürlich nicht, denn ob und wie wir unsere Entscheidungen treffen, bestimmt darüber, ob wir in Zukunft innere und äußere Konflikte vermeiden werden. Lassen wir zu, dass Ursachen der Vergangenheit unser Leben bestimmen, sehen wir uns als ihr Produkt? Oder bemühen wir uns, hier und jetzt eine schöpferische Wahl zu treffen? Ortega y Gasset definiert den Menschen als „ein Wesen, das nicht so sehr aus dem besteht, was es ist als aus dem, was es sein wird". Wenn wir also über Veränderungen nachdenken, geschieht etwas, was sonst nicht geschehen würde. Das heißt, wir verlassen das Prinzip von Ursache und Wirkung – wir haben zum Beispiel in der Vergangenheit etwas erlebt oder getan, das unser Leben heute bestimmt – zugunsten eines dritten Weges: der Eigensteuerung und Selbstbestimmung.

6.7 Die Strategie: Das Projekt Veränderung planen und konstruktiv umsetzen

Schauen Sie jetzt bitte noch einmal Ihr Ziel an. Haben Sie es in folgender Weise formuliert?

Ich …

Schreiben Sie in der Gegenwart (kein: ich werde …)
Formulieren Sie positiv (ohne „kein", „nicht")
Im Indikativ (kein „würde", „möchte", „wäre")
Konkret (Zeit, Ort, bis wann genau)
Erfüllbar
Klar (ohne „vielleicht", „eigentlich")

Mein Ziel:

Wenn wir unser Ziel formuliert haben, gilt es, den Schritt zum Transfer in die Realität zu machen. Wie kann Frau Kunze dabei vorgehen, und was können wir in einer ähnlichen Situation tun? Zunächst müssen wir alle Bereiche unseres unmittelbaren Lebens anschauen. Was wollen wir tolerieren und was nicht? Was werden wir zuallererst ändern? Das, was uns nicht gut tut!

Unsere seelische Energie können wir dabei durch die körperliche Haltung mobilisieren. Sie baut sich automatisch auf, wenn der Körper eine entsprechende Haltung vorgibt – das ist wie die Bestätigung eines Auftrags. Den Rücken durchzudrücken stärkt zum Beispiel unseren Willen, standfest zu bleiben. Und wenn wir den Kopf hochhalten und den Blick für die Weite des Horizonts gewinnen, besiegen wir schon zur Hälfte die Trägheit unseres Gemüts, das uns vielleicht nach unten ziehen will. Das heißt, es reicht oftmals schon eine kleine Bewegung, um die Dinge ins Rollen zu bringen – auch für eine grundsätzliche Veränderung des Lebens.

Wenn wir unser Ziel vor Augen haben, müssen wir keine Zeit mehr damit verschwenden, uns zu bemitleiden oder uns zu beklagen, sondern wir können damit beginnen, unsere Energie konstruktiv zu nutzen, um etwas Neues aufzubauen. Damit vermeiden wir auf jeden Fall innere Konflikte.

Hier hilft eine Liste, welche Dinge aus unserem Leben entfernt werden sollen, weil sie uns stören oder daran hindern, unsere Träume zu verwirklichen. Wenn wir diese Dinge nach ihrem Schwierigkeitsgrad ordnen und damit beginnen, das für uns Leichteste zuerst zu erledigen, werden wir am einfachsten die innere Stimme zum Schweigen bringen, die uns einreden will, es lohne sich nicht, anzufangen.

6.8 Übung

Was toleriere ich in meinem Leben und was will ich beseitigen?			
Lebenskontext	Was will ich beseitigen?	Ändere ich das selbst?	Wann erledigt? Ja/Nein
Beruf			
Haus und Wohnung			
Freunde			
Familie/Beziehung			
Körper			
Schlechte Gewohnheiten			
Sonstige			

Zur persönlichen Auswertung der Übung:

Wenn Sie sich den Zustand Ihrer Umgebung einmal bewusst gemacht haben, wenn Sie die Dinge in Ihrem Leben identifiziert haben, mit denen Sie nicht zufrieden sind, werden diese Störungen nach und nach aus Ihrem Leben verschwinden. Sie werden zunehmend die Erfahrung machen, dass Dinge, die Sie sich wünschen, in Ihr Leben treten und dass das geschieht, was mit Ihren Wünschen im Einklang steht.

7. Das Neue kommt nur durch die Menschen in die Welt

Wie Sie effektiv führen und dabei Konflikte vermeiden

7.1 Einführung

Was bedeutet Führung? Führen heißt: Verhalten verändern. Unser eigenes und das unserer Mitarbeiter. Beides beeinflussen wir jedoch kaum, ohne mit Widerständen oder Konflikten konfrontiert zu werden. Bei uns selbst und unserer Umgebung. Denn als Manager müssen wir dafür sorgen, dass wir und unser Team den geforderten Beitrag zum Unternehmenserfolg leisten. Ebenso ist es aber unsere Aufgabe, Bedingungen zu schaffen, die es ermöglichen, dass wir selbst und unsere Mitarbeiter persönliche Ziele erfolgreich realisieren. Unser übergeordnetes Ziel im Unternehmen wird es jedoch gleichzeitig sein, ein neues Produkt einzuführen, mehr Umsatz zu erbringen oder aus einer Arbeitsgruppe ein Team zu bilden. Die Inhalte selbst sind für das Thema Führung zunächst unerheblich. Es geht für uns als Manager in erster Linie darum, dass wir uns selbst steuern und andere Menschen dafür gewinnen, Ziele anzunehmen und zu erreichen.

In diesem Spannungsfeld entstehen so viele Konflikte, wie es unterschiedliche Arten der Führung gibt. Diese Konflikte in den Griff zu bekommen, ist eine der zentralen Aufgaben der Führungskraft. Um sie zu vermeiden, müssen wir eine Kardinaltugend vor allen anderen besitzen: uns selbst effektiv zu führen und glaubwürdig als Vorbild zu wirken. Zudem sollten wir nicht nur wissen, was unser Unternehmen benötigt, um gut zu sein, sondern vor allem, wie wir uns und unsere Mitarbeiter zu dem Wunsch motivieren können, für das Unternehmen immer besser zu werden. Dafür ist es erforderlich, damit einhergehende Konflikte nicht nur zu lösen, sondern dauerhaft zu vermeiden.

7.2 Ein Beispiel

Herr Kressin ist Abteilungsleiter in einem internationalen Konzern, verheiratet, zwei Kinder. Er arbeitet in Genf, ihm untersteht ebenfalls die Außenstelle seiner Abteilung in Leipzig. Seine Chefs setzen hohe Erwartungen in Herrn Kressin, nämlich, dass er die europäische Struktur des Unternehmens so schnell wie möglich zugunsten besserer Geschäftszahlen verändert. Im Augenblick fühlt sich Herr Kressin mit seiner Rolle und den hohen Erwartungen der Unternehmensleitung etwas überfordert.

In Leipzig leitet Frau Hohmann einen Teilbereich seiner Abteilung. Wie sie weiß, hat Herr Kressin neben seiner Ehe seit einiger Zeit eine Beziehung zu einer Frau in Leipzig, was ihn veranlasst, sich häufiger dort aufzuhalten, als seine Arbeit es erfordert. Frau Hohmann hat die Information über seine Affäre aufgrund privater Verbindungen; Herr Kressin selbst begründet den Zweck seiner häufigen Leipzig-Reisen gegenüber Frau Hohmann nicht. Auf ihre vorsichtigen Fragen erklärt er seiner Mitarbeiterin, er „habe keine Berichtspflicht nach unten". Frau Hohmann ist über sein Verhalten und seine Besuche verärgert, zumal durch die häufigen Aufenthalte von Herrn Kressin in der Firma der Eindruck entsteht, sie brauche dauerhaft Unterstützung bei ihrer Arbeit. Sie weiß, dass dies nicht der Fall ist, muss aber viel Energie und Fingerspitzengefühl aufwenden, um das auch in der Zentrale deutlich zu machen. Sie will ihren Chef nicht anschwärzen und befindet sich hier in einem starken Loyalitätskonflikt, zumal Herr Kressin sie persönlich eingestellt hat. In der Firmenzentrale ist seine Liaison nicht bekannt.

Inzwischen erwartet die Freundin von Herrn Kressin ein Kind, und die Ereignisse spitzen sich zu, als Herr Kressin die Absicht äußert, Frau Hohmann mehrere Monate in die Filiale der Firma nach Madrid zu schicken. Ihre Entsendung fällt mit den Monaten um die Geburt seines Kindes zusammen, wie sie weiß. In dieser Zeit müsste Herr Kressin das Leipziger Büro selbst leiten, wie er in der Firma glaubhaft versichert. Frau Hohmann ist empört und weiß nicht genau, was sie tun soll: Sie arbeitet gerade an strategisch wichtigen Projekten, die sie nicht zurückstellen will, da deren Ergebnisse über ihr weiteres Fortkommen im Unternehmen entscheiden. Zudem ist ihr klar, dass sie in Madrid für das Unternehmen lediglich unbedeutende Arbeiten verrichten würde und ihre Entsendung eigentlich unsinnig ist. Ihre Firma verfügt dort über ein gut eingespieltes Team. Auch den Aspekt ihres persönlichen Trainings für den Arbeitsbereich in Madrid findet sie an den Haaren herbeigezogen. Außerdem spricht sie kein Spanisch ....

7.3 Das Thema: Eigene Konflikte vermeiden durch Selbstführung – konsequent mit sich selbst kongruent werden

An diesem Beispiel erkennen wir unterschiedliche Aspekte von Führungsverhalten, die mehr oder weniger konfliktträchtig sind. Herr Kressin steht in seiner beruflichen Position stark unter Druck – er muss umstrukturieren und Erfolge erzielen – und ist darüber hinaus in einer privaten Umbruchphase zwischen Ehefrau und zweiter Beziehung. Das heißt, er muss in diesem auf mehrere Fronten übergreifenden Spannungsfeld ganz besonders effektiv für sich selbst planen und neue Prioritäten setzen. Derzeit prägen die eigenen, inneren Konflikte sein Führungsverhalten.

Die größte Qualität einer Führungskraft muss darin bestehen, täglich persönlich zu überzeugen – jeden und jederzeit. Als Manager gewinnen wir, wenn wir mit dem, was wir darstellen, identisch sind, Schein und Sein, Rolle und Realität ineinander überfließen. Wenn wir nicht mit vollem Einsatz für uns selbst und für andere agieren, schaffen wir Konflikte – mit uns selbst und mit unserer Umgebung. Bei Herrn Kressin – an einem extremen Beispiel – erkennen wir deutlich, was passiert, wenn persönliche und innere Konflikte dominieren und dazu führen, dass das, was er darstellt, nicht im Einklang steht mit der Person, die er ist. Konkret heißt das, wenn wir uns nicht selbst durch diese Konflikte führen und sie lösen, können wir das auch nicht bei anderen leisten.

Was kann ich als Manager in einer solchen Situation konkret tun? Wie wirke ich der beruflichen Überforderung entgegen und setze auch privat Prioritäten?

Vorbild sein – persönliche Glaubwürdigkeit vermeidet Konflikte

In einer schwierigen Situation, zumal wenn sie sowohl persönliche als auch berufliche Aspekte umfasst, ist es schwer, Vorbild zu sein oder zu bleiben und gleichzeitig die Führungsrolle glaubwürdig auszufüllen. Die Vorteile von Herrn Kressin sind derzeit nicht unbedingt die seiner Mitarbeiterin, Frau Hohmann. Dennoch ist Herr Kressin als Führungskraft in seinem Unternehmen gefordert, sich die Frage: „Was ist gut für mein Unternehmen?" vor der Frage: „Was ist gut für mich?" zu beantworten. Die richtige Beantwortung dieser Frage garantiert immer noch nicht, dass er automatisch das Richtige tut – jede Führungskraft ist auch ein Mensch und anfällig für Fehleinschätzungen – aber sie lenkt seinen Blick wieder in die richtige Richtung. Wenn er es schafft, die Antworten auf beide Fragen in Einklang zu bringen, wird er als Vorbild für seine Mitarbeiter wirken.

Das Prinzip Wertschätzung – konfliktfreie Kommunikation durch Win/Win-Lösungen

Motivation oder Manipulation – was bezeichnet in diesem Beispiel die Kommunikation zwischen Chef und Mitarbeiterin? Darf Herr Kressin seine Position nutzen, um sich eigene Vorteile zu verschaffen? Welche Konflikte löst er durch sein Führungsverhalten aus? Was bewirkt sein Verhalten bei seiner Mitarbeiterin?

Effektives Führungsverhalten sollte immer von Vertrauen geprägt sein, und das kommt in diesem Fall auf mehreren Ebenen zu kurz. Der Erfolg des Chefs oder die Tatsache, dass er sich durchsetzt, bedeutet hier eine Niederlage oder zumindest eine unfaire Situation für die Mitarbeiterin. Erstrebenswert und motivierend für beide Seiten sind jedoch nur Situationen, in denen alle Parteien gewinnen: Win/Win-Lösungen.

7.4 Zum Hintergrund: Konfliktfrei führen – integer, angemessen, gewinnbringend

Die Herausforderung: Situative Selbstführung

Führungskraft zu sein ist kein Privileg, sondern eine Verpflichtung (Peter Drucker). Unsere wichtigste Aufgabe als Manager ist es dabei, für unser Unternehmen effektiv zu sein. Das werden wir jedoch nur leisten, wenn wir zunächst mit uns selbst in allen Lebenslagen effektiv umgehen. Dazu gehört, dass wir die eigene Persönlichkeit gut kennen, Prioritäten für unser Leben und unseren Arbeitsbereich setzen und sie regelmäßig überprüfen. Dazu zählt auch, dass wir zuerst unsere eigenen Konflikte, privat wie beruflich, erfolgreich lösen.

Hier gilt es, in einem ersten Schritt selbstkritisch die anstehende Situationen zu analysieren und eine Diagnose zu erstellen. Wir müssen mit den eigenen Stärken und Schwächen umgehen und in einem zweiten Schritt in Kenntnis der Eigenschaften unserer Mitarbeiter angemessen reagieren, wenn wir Konflikte vermeiden wollen. Unterschiedliche Menschen erfordern unterschiedliche Herangehensweisen. Das bedeutet, dass wir uns als Manager regelmäßig fragen müssen, wo wir selbst stehen, im Hinblick auf unsere Lebenssituation und unsere Fähigkeiten. Über welchen „Reifegrad" verfügen wir im Hinblick auf unser Leben und unsere Arbeit? Wie viel Verantwortung können und wollen wir tragen? Fühlen wir uns wohl, wenn wir gelenkt oder angewiesen werden; benötigen wir bei manchen Fragen konkrete Anleitung; wo brauchen wir Unterstützung? Wo sind wir so kompetent und hochmotiviert, dass wir problemlos Aufgaben erledigen und delegieren können?

Walk the talk – Vorbild Führungskraft

Wie gut wir als Vorbild funktionieren, hängt in besonderem Maße von unserer eigenen Reife als Führungskraft ab. Unser Verhalten als Manager ist öffentlich. Wir werden beobachtet und aus unserem Verhalten werden Rückschlüsse gezogen. Das heißt, wenn wir unsere eigenen oder andere Konflikte nicht für alle Betroffenen erkennbar lösen, verlieren wir als Führungskraft an Glaubwürdigkeit.

Wenn wir eigene Spannungen jedoch auf unsere Mitarbeiter abwälzen, werden wir in unserer Rolle mit Widerständen konfrontiert und in der Regel nicht akzeptiert. Mitarbeiter ziehen daraus häufig den Schluss: „Wenn solche Verhaltensweisen das Unternehmen, in dem ich arbeite, prägen, dann bin ich hier falsch." Rückzug und innere Emigration breiten sich aus, die Firma verliert gutes Personal, schlimmstenfalls durch dessen Kündigung. Wenn wir als Führungskraft solche Konflikte vermeiden wollen, müssen wir uns vor allem folgende Fragen stellen: „Welches Verhalten lege ich persönlich an den Tag und wie wirkt das auf meine Mitarbeiter? Welche Grundsätze und Werte prägen meine Zusammenarbeit? Welche Ziele verfolge ich? Akzeptieren meine Mitarbeiter diese Ziele? Auf welche Weise kommuniziere ich sie?"

Die zentrale Frage, die uns darüber hinaus täglich begleitet, lautet: Was ist das Richtige für das Unternehmen? Unabhängig von inhaltlichen Zielen müssen wir als Manager das Unternehmen weiterentwickeln, gemeinsam mit den Menschen, für die wir verantwortlich sind. Mit ihnen müssen wir Projekte zum Erfolg führen und an der Zukunftsfähigkeit unserer Unternehmen arbeiten. Dies ist nur möglich, wenn es uns gelingt, Konflikte nachhaltig zu managen, unsere eigenen und andere.

Der dritte Weg – Motivation durch konfliktfreie Kommunikation

Das Einzige, das uns positiv stimulieren kann, ist Motivation. Die, die wir uns selbst und als Manager unseren Mitarbeitern geben. Für den Erfolg von Projekten ist es unabdingbar, dass wir bei unseren Themen sowohl den Verstand als auch die Empfindungen einbeziehen. Wichtig ist, ein Problem auch immer dort zu bearbeiten, wo Anteilnahme und Gefühle sitzen, und zu fragen, welche Auswirkungen eine Problemlösung auf mich, das Team, die Firma hat. Den Empfindungen unserer Mitarbeiter können wir in Konfliktsituationen am besten auf die Spur kommen, wenn wir uns fragen: Wie würde ich mich an ihrer Stelle fühlen? Würde mir die Behandlung durch meinen Chef oder meine Chefin gefallen? Wie würde ich handeln?

Unsere zweite zentrale Frage an uns selbst muss lauten: Was kann ich tun, um meine eigene Arbeit besser zu gestalten? Und gegenüber Mitarbeitern: Was kann ich tun, damit du deine Arbeit besser machen kannst?

Für das Erreichen von Führungszielen stehen uns unterschiedliche Methoden zu Verfügung: Wir müssen vor allem planen, organisieren, delegieren und kontrollieren. Diese Schritte entlasten uns in unserer Führungsrolle und dienen dazu, Arbeitsabläufe zu optimieren. Wichtig ist hierbei jedoch, dass sie immer mit den Bedürfnissen unserer Mitarbeiter nach Freiraum, Selbstverantwortung, Unterstützung und Fairness in Einklang stehen.

Was ist der Nutzen dieses Führungsverhaltens? Als Beteiligte werden wir Entscheidungen, aus denen wir einen Vorteil ziehen, in der Regel mittragen. Darüber hinaus stärken wir unsere Arbeitsbeziehungen durch Lösungen, bei denen es keine Verlierer, sondern nur Gewinner gibt, was sich zumeist langfristig auszahlt.

Bei dieser Art der Win/Win-Lösung suchen wir als Führungskräfte immer nach Vorteilen für beide Seiten. Wir abstrahieren von unserem eigenen Verhalten und von dem unserer Mitarbeiter und suchen den „dritten Weg". Wir machen damit Einzahlungen auf unsere Beziehungskonten, um gute Beziehungen zu den Personen herzustellen, die uns dabei unterstützen, die anstehenden Themen in den Vordergrund zu stellen. Wir schließen damit die negative Energie aus, die unsere Fixierung auf persönliche Positionen normalerweise ergibt, und schaffen positive und kooperative Energie zur Lösung der Probleme auf beiderseitig zufrieden stellende Weise.

7.5 Das Ziel: Konfliktfrei führen

Wie kann Herr Kressin in unserem Beispiel diese Maximen umsetzen? Hin- und hergerissen zwischen hohen beruflichen Anforderungen und seiner privaten Umbruchsituation löst er seine Probleme zunächst nicht dort, wo sie hingehören, nämlich bei sich selbst. Er versucht, seine Spannung im privaten Bereich zu verschleiern, und löst damit bei seiner Mitarbeiterin Irritationen aus. Reaktionen unserer Mitarbeiter sind immer auch ein Spiegel unseres eigenen Verhaltens: Wenn wir unsicher sind, verunsichern wir unser Gegenüber. Unbehagen breitet sich bei unseren Mitarbeitern aus, wenn das, was sie wahrnehmen oder wissen, nicht in Einklang steht mit unserem Sagen und Tun. „Was du auch tust, bedenke das Ende", heißt es in der Bibel (Sirach 40). Diesen Leitsatz sollten wir uns als Manager vor Augen führen. Wenn wir mögliche Ergebnisse unserer Führungstätigkeit reflektieren, wird uns schnell klar, wo wir die Richtung ändern müssen.

Selbstführung macht den Manager!

Wenn, wie in diesem Beispiel, Herr Kressin als Chef das System ausnutzt und auf Kosten des Unternehmens und der Mitarbeiter seine eigenen Ziele verfolgt, führt dies in der Regel zu Komplikationen und Konflikten.

Herr Kressin nutzt seine Rolle in der Hierarchie, um mit seiner Mitarbeiterin gewissermaßen „Katz und Maus" „zu spielen", das heißt seine eigenen Konflikte mit ihr zu lösen. Das führt in jedem Fall dazu, dass sich die Situation emotional auflädt. Frau Hohmann weiß, dass Herr Kressin ihr nicht die Wahrheit sagt, was seine Motive betrifft. Dieses Verhalten ist für eine Führungskraft inakzeptabel. Natürlich geht es nicht darum, seine Mitarbeiter in alle privaten Details einzuweihen, aber unser Handeln als Führungskraft muss mit unserer Rolle in Einklang stehen. Wertschätzung gegenüber unseren Mitarbeitern prägt dabei die Rolle des erfolgreichen Managers. Niemand würde sich in der Haut von Frau Hohmann wohlfühlen, die hier als Spielball benutzt wird. Die Frage, wie viel Wertschätzung wir unserer Umgebung entgegenbringen, ist mit der Frage: „Wie würde ich mich fühlen, wenn ich so behandelt würde?" meist schnell beantwortet.

Herr Kressin in unserem Beispiel ist nicht nur als Vorgesetzter unglaubwürdig, sondern bringt seine Mitarbeiterin zusätzlich in seiner Firma in eine schlechte Position, weil man dort glaubt, sie benötige aufgrund seiner häufigen Besuche seine Unterstützung. Er benutzt hier seine Mitarbeiterin ganz klar, um eigene Konflikte zu vertuschen.

Der Verlust des Gewinners – die guten Arbeitsbeziehungen

Herr Kressin schafft eine Situation, in der er aufgrund seiner Funktion der Gewinner ist – sein Verhalten wird im Unternehmen nicht öffentlich, und er kann nach seinen Bedürfnissen handeln – und Frau Hohmann ist die Verliererin, und das in mehrerlei Hinsicht. Ihr Chef spricht nicht offen mit ihr, sie erfährt wenig Wertschätzung von ihm und muss berufliche Nachteile in Kauf nehmen. Herr Kressin übernimmt auch nicht die Initiative, gemeinsame Lösungen zu entwickeln, die beide Seiten akzeptieren können. Er denkt ausschließlich an seinen eigenen Gewinn. Diese reine Gewinn-Mentalität ist unter Führungskräften verbreitet: „Es kommt nur darauf an, dass ich kriege, was ich will – die anderen können sich um sich selbst kümmern." Das kann für eine Weile effektiv sein – für diese Art von Führungsverhalten zahlen wir jedoch einen hohen Preis, weil es langfristig schädliche Auswirkungen auf unsere Arbeitsbeziehungen hat.

Was hätte Herr Kressin tun können? Seine Aktivitäten, die häufigen Besuche in der Außenstelle, stehen nicht in Einklang mit seiner Aufgabe, was bei seiner Mitarbeiterin zu Irritationen und Nachfragen führt. Herr Kressin selbst versucht, diesen inneren Konflikt durch autoritäres Verhalten zu überspielen: „Keine Berichtspflicht nach unten." Hätte er bisher eine gute Beziehung zu seiner Mitarbeiterin Frau Hohmann gehabt und grundsätzlich mit positivem Verhalten auf ihr gemeinsames Beziehungskonto „eingezahlt", hätte er zum Beispiel bei ihr für diese heikle Situation um Verständnis werben können: „Frau Hohmann, ich habe die Absicht, Sie für drei Monate in unser Büro nach Madrid zu entsenden. Ich kann Ihnen meine Entscheidung aus persönlichen Gründen nicht im Einzelnen erläutern und ich kann mir auch denken, dass Sie davon nicht uneingeschränkt begeistert sind. Können Sie sich trotzdem vorstellen, meine Entscheidung zu unterstützen?" Frau Hohmann wäre bei dieser Art von Führungsverhalten unter Umständen bereit gewesen, aus Loyalität die Entscheidung ihres Chefs mitzutragen. Auf jeden Fall hätte sie die Möglichkeit gehabt, auch Nein zu sagen und ihre Gründe zu erläutern.

Gut für das Unternehmen – gemeinsame Ziele

Wenn wie in diesem Beispiel die gemeinsamen Ziele zwischen Chef und Mitarbeiterin quasi „verschwunden" sind, stellt sich die Frage nach konfliktminderndem Führungsverhalten umso deutlicher. Die Ziele des Unternehmens sind hier zeitweise aus dem Blickfeld geraten, weil es unmöglich geworden ist, sich in dieser beidseitig von Emotionen bestimmten Situation überhaupt auf Inhalte zu konzentrieren. Hier ist es ganz klar Aufgabe der Führungskraft, initiativ und pro-aktiv zu werden, das offene Gespräch zu suchen.

Frau Hohmann als Mitarbeiterin gerät hier aufgrund des Verhaltens ihres Chefs in einen schweren persönlichen und beruflichen Konflikt. Sie will ihn nicht in der Firma bloßstellen, wird allerdings durch sein Verhalten tatsächlich beruflich ins Abseits gedrängt. Darüber hinaus trägt sie die emotionalen „Kosten" in diesem Konflikt. Sie ist gekränkt, weil ihr Chef nicht offen mit ihr spricht, fühlt sich hin- und hergerissen zwischen ihrer Loyalität ihm gegenüber und ihrem Wunsch nach beruflichem Fortkommen. Ihre Versuche, das Gespräch mit ihrem Chef zu eröffnen, sind offenbar fehlgeschlagen. Was kann sie als Mitarbeiterin konkret in dieser unfairen Situation tun? Konfrontiert mit unfairem Verhalten und Patt-Situationen sollten Mitarbeiter Verbündete suchen, die aufgrund ihrer Funktion zu Vertraulichkeit verpflichtet sind, zum Beispiel Vertreter der Personalabteilung. Ein Dritter kann zunächst das vertrauliche Gespräch mit der Führungskraft suchen, eventuell auch mit beiden Konfliktparteien.

Wir, unsere Mitarbeiter und unser Unternehmen, gedeihen am besten in einer Atmosphäre der Wertschätzung und Akzeptanz. Motivation auf allen Ebenen entsteht eben nicht durch eine Demütigungs-, sondern durch eine Anerkennungskultur.

Was im vorliegenden Fall passiert ist? Frau Hohmann hat entschieden, nicht Opfer der Manipulationen ihres Chefs sein zu wollen, und hat bei der nächsten Gelegenheit gekündigt. Das hohe Dienstreiseaufkommen von Herrn Kressin wurde Gegenstand einer Untersuchung, und die Firma hat ihn schließlich entlassen.

LEITSÄTZE

- Ich führe mich selbst, kenne meine Prioritäten und setze sie in Einklang mit den Prioritäten meines Unternehmens um. Ich bin konsequent mit mir selbst kongruent.
- Ich bin als Führungskraft Vorbild für meine Mitarbeiter, stimmig in Verhalten und Handeln.
- Ich frage mich: Was ist gut für mein Unternehmen? Und setze es um.
- Ich motiviere meine Mitarbeiter durch die Wertschätzung ihrer Bedürfnisse.

Abbildung 2: Führen von innen nach außen bringt Erfolg

7.6 Der Nutzen: Kurs halten, als Manager und als Unternehmen

In kritischen Situationen, wie hier bei Herrn Kressin und Frau Hohmann, schlagen die Emotionen häufig hohe Wellen, und in den meisten Fällen erfassen sie auch die Mitarbeiter. Hier ist es wichtig, dass wir das zunächst einmal erkennen und anerkennen. Wenn wir als Führungskräfte mit unseren eigenen Emotionen gut umgehen können, können wir auch offen darüber sprechen.

Im Hinblick auf die Vorbildfunktion für unsere Mitarbeiter heißt das, wir zeigen deutlich, welches Verhalten wir von ihnen erwarten.

Unsere Offenheit und Initiative schaffen Vertrauen, keiner geht als Verlierer aus der Situation hervor. Emotionen werden so kanalisiert, dass wir zum Vorteil des Unternehmens uns und unsere Mitarbeiter dazu motivieren können, sich alle wieder den Inhalten zuzuwenden, die das Unternehmen voranbringen.

7.7 Die Strategie: Führungskonflikte vermeiden – selbst handeln!

Mit der beruflichen Belastung an der Grenze zur Überforderung haben wir eine klassische Situation, die jede Führungskraft kennt: Erwartungen von außen, die leicht zu einer Situation der ständigen Arbeit an der Belastungsgrenze führen und zur Quelle persönlicher Unzufriedenheit werden. Hier ist es erforderlich, das Muster der Erwartungen von außen zu durchbrechen und seinen eigenen Plan aufzustellen. Es gilt zu fokussieren.

Unser Ziel sollte es grundsätzlich sein, soweit wie möglich selbstbestimmt zu leben. Sicher ist jeder Manager auch stark von den Abläufen in seinem Unternehmen gesteuert – umso wichtiger ist es, den eigenen Lebensplan ständig zu aktivieren und bei allem, was wir tun, das persönliche „Bauchgefühl" zu berücksichtigen.

Selbstführungsmechanismus verhindert Konflikte

Warum ist das wichtig? Je mehr wir bei unserer Arbeit Erwartungen entsprechen, umso höher werden sie das nächste Mal ausfallen, das heißt: Je mehr wir arbeiten und je besser wir sind, umso mehr wird von uns verlangt. Das bringt uns sicherlich Anerkennung, aber wollen wir das Bild vermitteln, wir sind leicht auszubeuten? Wollen wir uns mit unseren eigenen Bedürfnissen hinten anstellen? Dieser Mechanismus, einmal im eigenen Berufsleben angewandt, kann leicht dazu führen, dass wir ausbrennen.

Was können wir also konkret tun? Wir sollten uns bei allen Anforderungen, die an uns gestellt werden, drei zentrale Fragen stellen, um uns selbst durch den Dschungel der Emotionen und Erwartungen zu führen. Wenn wir unseren persönlichen Selbstführungsmechanismus anhand folgender drei Fragen erlernen, werden wir sehen, dass sich viele Aufgaben relativieren.

1. Habe ich einen Nutzen, wenn ich das tue, was ich gerade tue?

Muss ich zu diesem Meeting gehen, weil ich dort wichtige Informationen bekomme, oder weiß ich schon vorher, dass es sich um eine dieser Endlossitzungen handelt, bei denen nichts herauskommt? Bringt es mich auf der Karriereleiter weiter nach oben, wenn ich den geforderten Bericht schreibe, oder nutzt mein Konkurrent diese Informationen für sich? Lade ich meinen schwierigen Mitarbeiter zum Mittagessen ein, um die Arbeitsbeziehungen zu fördern, oder führe ich die Gespräche mit ihm nur in Anwesenheit von Dritten?

2. Habe ich Lust dazu? Was sagt mir mein Bauchgefühl?

Will ich das Vorhaben X wirklich durchführen? Wie fühle ich mich, wenn ich daran denke? Geht es mir gut, wenn ich die Kollegen X und Y sehe oder benutzen sie mich als Klagemauer? Gibt mir mein Vorhaben positive oder negative Energie?

3. Gibt es einen objektiven Grund, der mich zwingt, die an mich gestellte Erwartung zu erfüllen?

Hat mich mein Chef beauftragt, für ihn diesen Termin wahrzunehmen? Brauche ich Informationen für meine eigene Arbeit aus diesem Vorhaben? Kann ich mir mit meinem Bericht ein Denkmal setzen? Ist die Besprechung für mich aus Gründen der Netzwerkpflege wichtig?

Wenn Sie zwei dieser Fragen mit Nein beantworten: Ziehen Sie sich zurück. Entsprechen Sie Erwartungen von außen wirklich nur, wenn für Sie persönlich klar ist, was Ihnen das Vorhaben bringt, wenn Sie wirklich Lust dazu haben und/oder wenn es einen real nachvollziehbaren Grund dafür gibt.

Vorbild sein – eigene Beziehungen kennen und managen

Wenn wir als Führungskraft Vorbild sein wollen, müssen wir zunächst ein Bild von uns entwerfen. Das geht am besten, wenn wir uns einen Spiegel vorhalten und das Bild unseres Lebens betrachten. Dieses Bild wird widergespiegelt von den Menschen, mit denen wir uns umgeben, die in unserem Leben eine Rolle spielen. Welches Bild von uns selbst ergibt sich daraus? Was können und werden wir von diesem Bild weitergeben? Wie sind unsere emotionalen Anteile verteilt? Ausgewogen? Wo gibt es Lücken? Wie füllen wir sie?

7.8 Übung

Das eigene Bild entwerfen – welche Beziehungskonten führe ich?

Bitte erstellen Sie einmal Ihre persönliche Liste, wer in Ihrem Leben gerade eine Rolle spielt:

Partner						
Familie						
Freunde						
Kollegen						
Mitarbeiter						
Chefs						
Sonstige						

1. Welche Spalte hat hier die meisten Eintragungen?
2. Welche die wenigsten? Warum?
3. Was werden Sie tun, um diese Spalte (außer Partner, Familie) „aufzufüllen"?

Tragen Sie jetzt die fünf Personen in das unten stehende Feld ein, zu denen Sie am häufigsten Kontakt haben.

Sind diese Menschen für Sie persönlich sehr wichtig (3) oder gar nicht wichtig (-3)

Name	+ 3	+ 2	+ 1	0	- 1	- 2	- 3

Betrachten Sie einmal die wichtigen Menschen in Ihrem Leben im Hinblick auf:

Gemeinsamkeiten:
Wissen Sie, was diese Menschen beschäftigt?

Vertrauen:
Wie oft bin ich mit den drei wichtigsten Menschen in meinem Leben in Kontakt?
Wann habe ich mir das letzte Mal Zeit genommen, wirklich zuzuhören?
Wann habe ich zuletzt meine Unterstützung angeboten und wem?

Kontakt:
Wie pflege ich meine Beziehungen? Für welche Menschen interessiere ich mich am meisten? Wie stelle ich die Nähe zu ihnen her?

Was ist meine wichtigste Erkenntnis aus dieser Übung?

Motivieren mit konfliktfreier Kommunikation

Bevor wir uns dem Problem, was wir als Manager fachlich zu bewältigen haben, zuwenden, müssen das Wie und die Umstände der Arbeitsumgebung geklärt werden. Ein Unternehmen ist nicht in erster Linie ein Gebilde von Regeln und Vorschriften, sondern eine Gemeinschaft von Menschen, die durch gemeinsame Ziele verbunden sind und an gemeinsamen Projekten arbeiten.

Daher ist es für unseren eigenen Erfolg, den unserer Mitarbeiter und des Unternehmens entscheidend, dass wir die direkte Kommunikation suchen, mit uns selbst und mit unserem Team. Hierzu ist es erforderlich, Bedürfnisse zu erkennen, ihnen mit Wertschätzung zu begegnen und sie zu befriedigen. Damit lassen sich Antworten und Lösungen finden, die es erlauben, sich im zweiten Schritt auf die Ziele und den Nutzen für das Unternehmen zu konzentrieren.

8. Ohne Macht ist nichts zu machen?

Wie Sie Einfluss und Autorität konfliktmindernd nutzen

8.1 Einführung

„Wer Macht über andere hat, muss zunächst Macht über sich selbst gewinnen; wer führen will, muss zuerst sich selbst führen" (Benedikt von Nursia). Sowohl für eine gute Unternehmenskultur als auch für unseren Erfolg als Manager sind der bewusste Umgang mit Macht und die Bereitschaft zu persönlicher Verantwortung eine entscheidende Voraussetzung.

Wir alle gehen ständig mit Macht um. Wir erleben sie selbst, wir üben sie aus, und wir beobachten, wie Macht ausgeübt wird. Jeden Tag werden wir in den Nachrichten mit Bildern von Macht konfrontiert. Vor allem Spitzenpolitiker und Vorstände von Konzernen führen uns dort vor, dass sie Macht ausüben und wie sie es tun. Was geschieht genau, wenn wir Macht ausüben? Woran erkennen wir ihre Spielarten und Instrumente? Wie können wir selbst mit Macht umgehen und dabei Konflikte vermeiden?

Macht ist etwas Menschliches und an sich auch etwas Gutes: Indem wir eine gewisse Hoheit über die Natur, über andere Menschen und uns selbst erlangen, schaffen wir eine der Bedingungen für persönliche Freiheit. Vorausgesetzt natürlich, dass wir mit dieser Macht verantwortungsvoll umgehen. Wie können wir Macht definieren? Grundsätzlich als „gestaltende Fähigkeit des menschlichen Handelns, die durch Verfügung über bestimmte Ressourcen, wie Geld, Einfluss, Wissen, Informationen, Beziehungen, Schönheit, in den Ablauf von Ereignissen eingreift mit dem Ziel, bestimmte Ergebnisse zu erzielen, die unseren eigenen Interessen entsprechen" (nach Hans-Jürgen Wirth). Wenn wir hier den Menschen in den Vordergrund stellen, ist Macht die „Chance, innerhalb einer sozialen Beziehung den eigenen Willen auch gegen Widerstreben durchzusetzen, worauf immer auch die Chance beruht" (Max Weber). Interessant für den Umgang mit Konflikten ist, wie wir als Manager unser Machtbedürfnis – das eigene Interesse, die Einflussmöglichkeiten auf das Verhalten anderer zu kontrollieren – mit der Führung von Menschen, also der zielgerichteten Einflussnahme auf das Verhalten anderer, in Einklang bringen.

Wenn in unserem beruflichen Kontext Macht ausgeübt wird, erkennen wir das unter anderem daran, dass jemand die Aufmerksamkeit seiner Umgebung erregt. Dafür werden ganz unterschiedliche Methoden angewandt; es wird etwa die gesellschaftliche Stellung genutzt oder die Öffentlichkeit einbezogen. Die Nutzung einer gesellschaftlich herausgehobenen Position sehen wir vor allem dann in krasser Weise, wenn Macht missbraucht wird. Wenn zum Beispiel herauskommt, dass ein Politiker oder Wirtschaftsvertreter seine Macht auf unzulässige Weise benutzt, um sich persönlich zu bereichern oder dunkle Geschäfte abzuwickeln, wird Macht besonders augenfällig. Sie findet grundsätzlich auf zwei Ebenen statt und bezieht diejenigen ein, die Macht ausüben und diejenigen, über die Macht ausgeübt wird. Wenn dies verantwortungsvoll geschieht, gibt es daran auf beiden Seiten nichts auszusetzen – das ist aber im beruflichen Alltag keineswegs immer der Fall.

8.2 Ein Beispiel

Herr Seibold leitet die Rechtsabteilung in einem internationalen Konzern. Er ist bei seinen Mitarbeitern eher gefürchtet als beliebt, weil er seinen Bereich mit strenger Hand regiert und von seinen Mitarbeitern Gehorsam fordert. Er ist distanziert im Umgang, legt großen Wert auf Form und Statussymbole. Über sein Privatleben ist so gut wie nichts bekannt. Es kursieren Gerüchte, dass er ein behindertes Kind hat.

Seine Vorgesetzten schätzen Herrn Seibold, weil seine Abteilung gute Ergebnisse bringt und er ihnen gegenüber sehr eloquent auftritt. Dennoch hält ihn der Geschäftsführer für äußerst arrogant. Die Ziele, die Herr Seibold mit seinem Team erreichen will, kennt in seiner Abteilung eigentlich nur er selbst, und seine Mitarbeiter wissen meist nicht genau, warum sie eine bestimmte Aufgabe erfüllen sollen. Manchmal geht Herr Seibold auch soweit, mehreren Mitarbeitern den gleichen Auftrag zu erteilen, was zu großem Unmut in der Abteilung führt. Herr Seibold ist darüber hinaus ein Meister der Nebeltaktik – über seine zahlreichen auswärtigen Termine lässt er sein Büro generell im Unklaren. Niemand weiß so recht, was er eigentlich tut. Fragen seiner Mitarbeiter nach Informationen zu Terminen oder Sachverhalten bügelt er ab.

In letzter Zeit scheint sich Herr Seibold einzig und allein für sein neues Lieblingsprojekt zu interessieren: ein Beratergremium aus hochrangigen Persönlichkeiten für das Unternehmen, das er in erster Linie mit seinen Parteifreunden und ehemaligen Studienkollegen besetzt hat. Das Gremium soll von einer Moderatorin geleitet werden, die Herr Seibold persönlich kennt, wie sein persönlicher Referent, Herr Kramer, weiß. Herr Kramer gilt in der Abteilung und im Unternehmen als der Favorit von Herrn Seibold, sein Spitzname ist der „Leibeigene". Herr Kramer ist geschmeichelt, aber auch etwas irritiert, als Herr Seibold ihm sein Lieblingsprojekt offiziell überträgt. Damit ist er verantwortlich für die Kontrolle der Leistungen und Rechnungen, die dafür anfallen. Er kann sich das zunächst nicht recht erklären, führt aber seine Aufgabe mit großer Sorgfalt aus, weil er weiß, dass seinem Chef dieses Projekt besonders wichtig ist.

Nach Eingang der ersten Rechnungen stellt er fest, dass bei den Abrechnungen für die Arbeit des Beratergremiums etwas nicht stimmt. Die Moderatorin stellt ihre Leistungen der Firma wie vereinbart in Rechnung. Dieselben Leistungen tauchen darüber hin-

> aus allerdings in etwas veränderter Formulierung auf den Rechnungen der Agentur auf, die mit der Organisation der Tagungen des Beratergremiums beauftragt wurde und deren Auftragnehmerin ebenfalls die Moderatorin ist. Herr Kramer ist ratlos: Für ihn ist offensichtlich, dass Herr Seibold hier versucht, seine Bekannte finanziell zu versorgen. Die doppelte Abrechnung kommt ihm merkwürdig vor. Er weiß nicht, was er tun soll. Herr Seibold hat ihn erst vor wenigen Monaten eingestellt, und Herr Kramer ist sich sicher, dass sein Chef einen Weg finden würde, ihn loszuwerden, wenn er diesen Fall im Unternehmen öffentlich macht ...

8.3 Das Thema: Macht als Peitsche oder als Zügel verwenden?

Wie wir mit unserem Einfluss und unserer Verantwortung angemessen umgehen, ist die wichtigste Herausforderung, wenn wir als Manager Konflikte vermeiden wollen. Langfristig wird dies auch über die Zukunftsfähigkeit unserer Unternehmen entscheiden. Wenn Führungskräfte ungehindert Macht über Mitarbeiter und Arbeitsvorgänge ausüben und dabei Arbeitsinhalte und Unternehmensethik zurücktreten, wird dies in Unternehmen schwerwiegende Konflikte hervorrufen und letztlich fatale Folgen haben.

Ein ganz entscheidender Faktor für den verantwortungsvollen Umgang mit Macht ist die persönliche Integrität der Führungskraft. Das heißt, Manager dürfen keine unzulässigen Methoden benutzen, um Macht auszuüben, und ihr Unternehmen darf diese auch nicht dulden. Sie müssen vielmehr die Verantwortung für ihre Entscheidungen übernehmen und deren Konsequenzen tragen. Transparentes Führungsverhalten, zum Wohle von Mitarbeitern und Unternehmen ausgeübt, vermeidet Konfliktsituationen.

8.4 Zum Hintergrund: Macht, Status, Rang und ihre Vertreter

Berufliche und gesellschaftliche Macht wird besonders häufig von Menschen gesucht, die Gefühle wie Ohnmacht, Hilflosigkeit und Minderwertigkeit zu kompensieren suchen. Macht übt ferner eine große Anziehungskraft auf Menschen aus, die von ihrer persönlichen Prägung her eher selbstbezogen sind, ihren Aufstieg in den Vordergrund stellen und auch manchmal Größenfantasien hegen. Das kann vor allem zu eigenen inneren und auch sozialen Konflikten führen. Je stärker jemand nach Macht und Geltung strebt, umso stärker verdrängt er seinen inneren Mangelzustand. Bleibt die Abwehr länger bestehen, verstärken sich Konflikte auf der sozialen Ebene.

Unsere Einstellung zur Macht ist geprägt durch Erfahrung und Lehren aus unserer Kindheit. Dazu gibt es in unterschiedlichen Kulturen Theorien, die dort entwickelt oder übernommen wurden, um Gedanken, Gefühle und Verhaltensweisen im Zusammenhang mit Machtausübung zu erklären. Einige davon haben wir für verschiedene Kontexte unserer Kultur übernommen.

In China zum Beispiel hat bereits Konfuzius 500 vor Christus die Behauptung aufgestellt, dass die Stabilität einer Gesellschaft auf ungleichen Beziehungen der Menschen untereinander beruht, in fünf fundamentalen Beziehungen, die er „wu lun" nennt: Herrscher-Untergebener, Vater-Sohn, älterer Bruder-jüngerer Bruder, Ehemann-Ehefrau, älterer Freund-jüngerer Freund. In diesen Beziehungen gibt es für beide Partner ergänzende Verpflichtungen. Der Jüngere schuldet dem Älteren Respekt und Gehorsam, der Ältere dem Jüngeren Schutz und Aufmerksamkeit. Für die Chinesen gilt diese Lehre noch heute als Richtschnur für ihr Verhalten in der Gesellschaft.

Im antiken Griechenland verteidigte Plato um 350 vor Christus ein Gesellschaftsmodell, in dem eine Elite an der Spitze einer Gesellschaft steht, die nach dem Grundsatz der Gleichheit funktioniert. Den Widerspruch begründete er damit, dass der Begriff der Gleichheit zwei Bedeutungen hat: eine qualitative und eine quantitative; eine Auffassung, die sich in dem Sprichwort: „Manche Menschen sind gleicher als andere" widerspiegelt. Für die Theorie von Plato gibt es in der griechischen Gesellschaft von heute Entsprechungen.

Was politische Machttheorien anbetrifft, so ist hier Niccoló Machiavelli aus Italien einer der berühmtesten Autoritäten. Er unterscheidet zwei Modelle: das des Fuchses und das des Löwen. Ein umsichtiger Herrscher sollte beide Modelle anwenden, aber immer zur rechten Zeit. Die Schläue des Fuchses wird alle Fallen aufspüren und die Stärke des Löwen wird die Wölfe vertreiben.

Was das mit Konflikten zu tun hat? Wenn Macht ausgeübt wird, sind immer Status und Rang im Spiel. Wenn diese von allen Seiten richtig verstanden und zur allseitigen Zufriedenheit genutzt werden, gibt es keine Konflikte. Das ist jedoch so gut wie nie der Fall. In Unternehmen ist der Status in der Regel durch die Hierarchie festgelegt, ein Abteilungsleiter hat hier einen höheren Status als ein Sachbearbeiter. Daneben gibt es fast immer Ränge, oftmals informelle: Mitglieder einer Gruppe können formell gleichberechtigt sein, zum Beispiel sind sie alle Abteilungsleiter, aber dennoch von unterschiedlichem Rang. Es kann zum Beispiel einen inoffiziell Führenden unter den Abteilungsleitern geben, der als Sprachrohr gegenüber der Geschäftsleitung fungiert. Der Rang beschreibt also die informelle hierarchische Position einer Person innerhalb eines Systems. Ränge können gegeben sein, etwa durch Alter oder Geschlecht oder erarbeitet, wie zum Beispiel durch besondere rhetorische Gewandtheit erlangt worden sein. Der Rang ist abhängig von der Situation, das heißt, er kann sich verändern (nach Arnold Mindell).

Es gibt aber immer wieder Manager, die, wenn wir genau hinschauen, gar nicht besonders klug oder politisch versiert sind, aber als Führungspersönlichkeiten akzeptiert werden, weil sie selbst so sehr von ihrer Größe und dem Bewusstsein ihrer eigenen Bedeutung überzeugt sind. Oft dauert es sogar ziemlich lange, bis wir durchschauen, was hinter dieser Art von oftmals charismatisch wirkenden Menschen steckt. Wahre Größe und grandioses Gehabe können sehr ähnlich aussehen, wahre Größe schließt jedoch missbräuchliche Ausnutzung und Brutalität aus.

Nehmen wir einen hohen Rang innerhalb unserer Unternehmenshierarchie ein, bedeutet das Verantwortung gegenüber rangniederen Menschen. Für die Führungskraft heißt das, gegenüber ihren Mitarbeitern den Rangunterschied zu berücksichtigen, sie ernst zu nehmen und ihnen in Konflikten auch eine andere Art von Gefühlen zuzugestehen, als man selbst sie hat, z.B. Ohnmacht.

In Konflikten wird manchmal dem, der weniger Macht hat, vom Machtinhaber eine besondere Rolle zugewiesen. Der Mächtige macht andere zu Handlangern oder Sündenböcken für sein eigenes Tun und verschafft sich damit ein makelloses Erscheinungsbild. Ein anderer muss dann im Konflikt für ihn gerade stehen. Das Motiv des Sündenbocks ist so alt wie die Zivilisation, und Beispiele dafür finden sich ebenfalls in allen Weltkulturen. Es ist also durchaus menschlich, in einem Konflikt zunächst nicht sein eigenes Verhalten zu reflektieren, sondern außen ein passendes Objekt zu suchen, dem man die Schuld anhängen und die Verantwortung übertragen kann. Sündenböcke sind ihrem Rang in der Hierarchie nach meist nicht mächtig genug, um sich zu wehren.

8.5 Das Ziel: Machtbeziehungen wahrnehmen und regeln

Was ist hier passiert? Herr Seibold nutzt seine Macht als Abteilungsleiter, um seiner Bekannten finanzielle Vorteile zu verschaffen, und setzt dazu seinen Mitarbeiter gezielt ein. Hier haben wir den Fall einer Führungskraft, der etwas Entscheidendes fehlt, was zum Ausüben von Macht erforderlich ist: der verantwortungsvolle Umgang mit Inhalten und persönlichen Werten. Fehlt dieses Verantwortungsbewusstsein, führt das unweigerlich zu Konflikten.

Wertschätzung oder Herabsetzung – Instrumente der Macht

Wie geht Herr Seibold damit um? Sein Verhalten, wie es in unserem Beispiel beschrieben ist, zeigt Zeichen der Herabsetzung: Er ist distanziert, eher abweisend, spricht zu seinen Mitarbeitern, aber nicht mit ihnen. Darüber hinaus dokumentiert er durch sein Verhalten gegenüber Herrn Kramer, dass er seinen Mitarbeiter hier für seine Zwecke benutzt, ihn geradezu bevormundet, nicht aber, dass er ihn ernst nimmt. Diese Art von Verhalten und Kommunikation führt fast immer zu schwerwiegenden Konflikten. Ein hohes Maß an Bevormundung löst bei Mitarbeitern – wenn nicht sofort, dann langfristig – Widerstand und Ablehnung aus. Wir alle wollen Selbstbestimmung und Eigeninitiative, wenn es darum geht, unsere beruflichen Ziele zu realisieren. Theoretisch ist das auch in Unternehmen allgemein bekannt, die Praxis sieht jedoch oft anders aus. Kooperatives Führen und Subsidiarität, also das Delegieren von Verantwortung soweit nach unten wie es sinnvoll ist, gelingen wenigen Managern.

Beide Faktoren setzen Wertschätzung voraus, die gekennzeichnet ist durch das Prinzip der Umkehrbarkeit und Konflikte weitgehend vermeidet. Für die Kommunikation heißt das konkret: Wenn wir zu anderen genauso sprechen, wie diese auch zu uns sprechen können, werden wir die Beziehungen konfliktfrei halten.

Arroganz als Selbstschutz der Komplizierten?

Offenbar lebt Herr Seibold hier auch Probleme seines Privatlebens im Büro aus – das behinderte Kind. Innere Gefühle wie Hilflosigkeit und Ohnmacht wegen schwer lösbarer privater Fragen werden häufig mit Akten der Machtausübung auf beruflicher oder gesellschaftlicher Ebene beantwortet. Diese zeigen sich dann, wie auch in unserem Beispiel, in starkem Imponiergehabe oder in „Fassadentechnik" (Rupert Lay). Wollen wir Probleme oder eigene Schwächen verbergen, baut dies in der Kommunikation eher Distanz auf, als dass es sie verringert. Imponiergehabe zeigt sich zum Beispiel durch den hohen Wert, den wir Statussymbolen beimessen, Fassadentechnik etwa durch kalte Sachlichkeit. Beide erschweren zumindest die Kommunikation erheblich, ziehen zumeist aber vielschichtigere Konflikte nach sich.

Ziel muss es hier sein, zunächst und vor allem Macht über sich selbst als Führungskraft zu gewinnen. Missbrauch und Ausnutzung werden für uns dann unnötig, wenn unser Leben erfüllt und lebendig ist und wenn wir mit uns, unserem persönlichen und beruflichen Leben zufrieden sind. Wie wir das erreichen können? Indem wir in Einklang stehen mit uns, den Menschen, die uns umgeben, und mit dem, was wir tun. Indem wir den Mut haben, uns so zu zeigen, wie wir sind. Wenn wir unsere Defizite kompensieren und andere Menschen ausnutzen, werden wir damit langfristig scheitern.

Genau das ist in dem Fall passiert, der unserem Beispiel zugrunde liegt. Herr Kramer hat das Unternehmen bald wieder verlassen, weil er mit dem Führungsverhalten von Herrn Seibold nicht zurecht kam und sich benutzt fühlte. Die Abteilung Rechnungswesen kam Herrn Seibold auf die Schliche, informierte die Geschäftsleitung, die Herrn Seibold nahe legte, das Unternehmen freiwillig zu verlassen, bevor es zu einem Skandal kommen konnte.

Wie hätte der Konflikt vermieden werden können? Herr Seibold hätte besser darauf verzichtet, seine Bekannte im eigenen Unternehmen zu „versorgen". Sicherlich hätte es sowohl für die Rolle der Moderatorin seines Beratergremiums eine andere Besetzung gegeben als auch einen anderen Job für seine Bekannte. Hier hat die Vermischung eigennütziger privater und beruflicher Interessen zu dieser Kollision geführt, bei der letztlich alle Beteiligten verloren haben.

LEITSÄTZE

- Überprüfen Sie, wie Sie Macht ausüben: Von welchen Werten wird Ihr Handeln geleitet?
- Machen Sie Ihre Persönlichkeit und Ihr Handeln transparent.
- Seien Sie als Führungskraft präsent. Teilen Sie Ihre Ziele und Entscheidungen mit.
- Seien Sie konsequent bei der Umsetzung Ihrer Entscheidungen.

8.6 Der Nutzen: Macht als Königsweg für verantwortungsvolles Handeln

Wenn Vorgesetzte verantwortungsvoll handeln und in ihrer Eigenschaft als Machtinhaber Verantwortung übernehmen, kann Macht zum Nutzen aller Beteiligten eingesetzt werden, wie das folgende Beispiel zeigt:

Frau Rosenbaum ist Anwältin mit einem amerikanischen Universitätsabschluss. Sie arbeitet gegenwärtig in einem US-Forschungsinstitut, wo ihr Vertrag in einem halben Jahr ausläuft. Daneben ist sie ihrem ehemaligen Arbeitgeber, einer großen amerikanischen Kanzlei, verbunden und betreut für diese Kanzlei nebenberuflich zwei große Mandanten. Ihrem Kanzleichef hat sie vor einiger Zeit ganz nebenbei berichtet, dass ihr Vertrag demnächst ausläuft und sie auf der Suche nach einer neuen Herausforderung ist. Ihr Chef, Herr Gutmann, ein einflussreicher Mann mit vielen internationalen Kontakten, trifft sie eines Tag auf dem Flur der Kanzlei und bittet Frau Rosenbaum zu sich. Er spricht sie auf ihre berufliche Veränderung an und bietet Frau Rosenbaum an, mit ihr einmal durchzugehen, welche seiner persönlichen Kontakte er für sie aktivieren könnte und wohin er sie gegebenenfalls empfehlen kann. Herr Gutmann hält Frau Rosenbaum für eine sehr fähige Anwältin und ist daher ohne weiteres bereit, ihr Mentor zu sein.

In diesem Beispiel werden Macht und Einfluss positiv genutzt, um eine Mitarbeiterin gezielt zu fördern.

8.7 Die Strategie: „Be without anxiety over imperfection"

Uns selbst zu kennen und zu wissen, wie und mit welchen Mitteln wir uns wo darstellen wollen, ist ein erster Schlüssel zum verantwortungsvollen Umgang mit Macht.

Dabei spielt unsere „öffentliche" Person, also die, mit der wir uns im Beruf darstellen, eine wichtige Rolle, wenn wir Macht ausüben. Wie viel wir von unserer „privaten" Person zeigen, müssen wir entscheiden.

Jeder Mensch hat das Recht, bestimmte Bereiche seiner Persönlichkeit zu schützen. Hier vermeidet Offenheit – also einfaches Verweigern – Konflikte, während Imponiergehabe und Fassadentechnik sie fördern. Der Bereich der „fremden" Person ist uns selbst nicht bekannt, wohl aber unseren Gesprächspartnern. Andere Menschen sind nicht selten besser in der Lage, bestimmte Teile unserer Persönlichkeit zu sehen – unsere Gewohnheiten, Neigungen, Vorurteile und unsere wunden Punkte. Daneben gibt es noch den Bereich der „unbewussten" Person, die weder uns selbst noch unserer Umgebung bekannt ist. Dazu zählen alle Wünsche und Hoffnungen, die wir abwehren, weil sie für uns mit dem Ideal unserer Persönlichkeit unvereinbar sind.

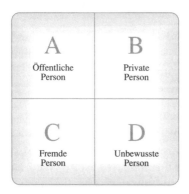

Abbildung 3: Schema der Persönlichkeitsbereiche, „Johari-Fenster"

... auf emotionaler Ebene – Selbstwahrnehmung stärken

Was können wir tun, um unsere Macht für uns zu nutzen, und wie gehen wir verantwortungsvoll mit ihr um? Sich selbst zu kennen ist eine wichtige Voraussetzung. Das heißt, wir sollten wissen, wie und wo wir Macht ausüben, damit wir im Zweifelsfall auf diese Ressourcen zurückgreifen können. Wir müssen als Führungskräfte unsere Selbstwahrnehmung schulen und uns bewusst sein, wie wir die uns verliehene Macht ausüben. Wollen wir selbst so behandelt werden, wie wir andere behandeln?

Unklare Selbstwahrnehmung von Führungskräften führt häufig zu übertriebenem Machtverhalten. Machtversessene Manager, die ihren Job und damit ihre Machtbasis verlieren, erleben häufig einen Crash, von dem sie sich sehr schwer wieder erholen. Insbesondere nach einem beruflichen Fall zählt vor allem das, was wir uns persönlich aufgebaut haben. Von den 500 Menschen, die uns wegen unserer gesellschaftlichen Stellung geachtet haben, werden sich nämlich 499 mit ziemlicher Sicherheit nicht mehr bei uns melden.

... auf sozialer Ebene – Transparenz herstellen und Machtkonflikte vermeiden

Wie hat Herr Seibold in unserem Beispiel seine Macht genutzt? Mit Instrumenten, die unweigerlich zu Konflikten führen. Zunächst nutzt er seine Position aus, um sein Lieblingsprojekt, das Beratergremium, durchzusetzen und zu verfolgen.

Darüber hinaus verschleiert er seine wahren Absichten – den Wunsch nach Versorgung seiner Bekannten – und überträgt die Verantwortung für sein Handeln auf seinen Mitarbeiter. Damit nutzt er seine Macht auf unzulässige und manipulative Weise. Wird uns als Führungskraft Macht übertragen, ist es unsere Pflicht, diese zum Wohle des Unternehmens und zum Wohle der Mitarbeiter einzusetzen. Wir bringen – und das tut hier auch Herr Seibold – das an sich konfliktneutrale Machtgefüge ins Wanken, wenn wir nicht selbst die Verantwortung für unsere Machtentscheidungen übernehmen und deren Konsequenzen tragen. Wenn wir Macht verantwortungsvoll und konfliktfrei ausüben wollen, müssen wir in unseren Entscheidungen und Umsetzungsmaßnahmen transparent sein.

... auf rationaler Ebene – Informationen als Machtinstrument sinnvoll nutzen

Konfliktverstärkend wirkt sich in unserem Beispiel Herr Seibolds Umgang mit Informationen aus.

Darüber hinaus ist er bestrebt, sich selbst aus dem Konflikt, den er verursacht hat, herauszuhalten und die Verantwortung, zum Beispiel für alle Abrechnungsfragen, an seinen Mitarbeiter abzuschieben. Herr Seibold benutzt Herrn Kramer wie einen Schutzschild, hinter dem er seine eigene Verwicklung in den Konflikt verbirgt, und macht ihn damit zum Sündenbock.

Diese Art der Manipulation ist gefährlich. Merkt wie hier in unserem Beispiel der Mitarbeiter, dass er manipuliert wird, muss er sich entscheiden: mitmachen oder nicht.

Was hätte Herr Kramer, der Mitarbeiter von Herrn Seibold in unserem Beispiel, tun können? Er wurde ohne sein eigenes Zutun zum Spielball des Machtinhabers und in seiner Funktion als Mitarbeiter manipuliert. Manipulation ist ein Instrument der Machtausübung, das fast immer zu sozialen Konflikten führt. Hier gilt es für diejenigen, die zu Opfern werden, für Machtstrategien sensibel zu sein und diese, wenn möglich, offen zu legen. Auch auf dieser Ebene ist Transparenz das wirksamste Mittel gegen Machtmissbrauch, es setzt allerdings voraus, dass wir Verbündete finden. In Unternehmen können Betriebsräte solche Verbündeten sein, alternativ institutionalisierte Beschwerdeverfahren. Diesen Weg ist Herr Kramer in unserem Beispiel nicht gegangen, er hat das Unternehmen verlassen – ein Beispiel dafür, dass Machtkonflikte fatale Folgen für Unternehmen haben können.

Für Herrn Kramer war es wichtig, einen Einklang herzustellen zwischen seinen eigenen Erwartungen und der beruflichen Realität. Wir können die genaue Kenntnis unserer eigenen Ressourcen nutzen, um Anpassungen eventuell dort vorzunehmen, wo die Realität sie verlangt. Das heißt auch, wir müssen eine klare Entscheidung zu unseren Gunsten treffen, wenn sich herausstellt, dass unsere persönlichen Einstellungen und unser Blickwinkel nicht zu unserer beruflichen Realität passen – was Herr Kramer letztlich getan hat.

Exkurs: Macht und Politik

Die Kategorien menschlicher Beziehungen auf die Politik übertragen? Ein verständlicher menschlicher Impuls, der aber in die Irre führt. Als Beispiel dafür mag die Steigerung aus dem deutschen Parteienleben herhalten: Feind, Todfeind, Parteifreund. Manchmal tun Politiker so, als seien sie Freunde. Tatsächlich bedeutet Freundschaft in diesem Zusammenhang eher eine Interessengleichheit, die mehr oder weniger haltbar ist.

Was sind das für Menschen, die sich Macht über andere nehmen und geben lassen? Ist der Mensch teilbar in Politiker und Privatmensch? Können uns Politiker glaubhaft machen, dass politische Entscheidungen allein sachlich begründet und frei von persönlichen Ängsten, Ideen, Wünschen und Hoffnungen getroffen werden?

Macht als Kompensationsmechanismus spielt hier eine große Rolle. Die Anerkennung der Öffentlichkeit ist leichter und schneller verdient als die Anerkennung der Familie. Außerdem ist der Umgang mit der Öffentlichkeit in der Regel weniger konfliktträchtig. Um persönliche Konflikte zu lösen, brauchen wir Zeit, Mitgefühl und die richtige Strategie. Im Umgang mit der Öffentlichkeit reicht oft die Strategie.

8.8 Übung

Wie bewerte ich meinen eigenen Rang, und welche Privilegien habe ich?
Für die Spalte „Meine Bewertung" beantworten Sie bitte folgende Fragen und vergeben Sie analog die Zahlen 1, 2 und 3.
1. Welcher Rang wurde Ihnen gegeben?
2. Welchen Rang haben Sie sich erarbeitet?
3. Welchen Rang nehmen Sie sich selbst?

Mein Rang	Meine Privilegien	Meine Bewertung
Mein Geschlecht		
Meine Herkunft		
Mein Aussehen		
Mein Alter		
Meine soziale/ gesellschaftliche Stellung		
Meine Bildung		
Meine Kommunikationsfähigkeiten		
Mein psychologisches Verständnis von meiner eigenen Person		
Mein Verhältnis zu Gott/Spiritualität		

(nach: Institut für Streitkultur, Berlin)

Für Ihre persönliche Auswertung der Übung:

Wie nutze ich meinen Status und meinen Rang?

Einstellung:
Zeigen Sie im Umgang mit anderen Menschen Stil, Selbstvertrauen und Flexibilität? Welche Schritte werden Sie unternehmen, um diese Kriterien in Ihrem Leben zu etablieren?

Balance:
Was fehlt Ihnen in Ihrem Leben? Liebe, Arbeit, Sex, Sicherheit, Alleinsein, Gesundheit, Gemeinschaft, Spiritualität, Spaß?

Harmonie:
In welchen Bereichen erleben Sie sich im Konflikt mit sich selbst und anderen Menschen? Was werden Sie tun, um diese Konflikte zu lösen?

Beziehungen:
Nennen Sie Ihre wichtigsten Kontakte und schreiben sie deren Grundlage auf: z.b. Liebe, Freundschaft, Geld, Arbeit. Wie werden Sie die Grundlage Ihrer Kontakte erweitern?

Perspektive:
Sind Sie mit Ihrem Leben insgesamt zufrieden? Was bedauern Sie? Was wollen Sie verändern? Gibt es unerfüllte Sehnsüchte?

9. Einbahnstraße oder Zwei-Wege-Kommunikation?

Wie Sie richtig zuhören
und damit Konflikte vermeiden

9.1 Einführung

Warum ist Zuhören besonders wichtig? Wir sind eher gewohnt zu sprechen und weniger vertraut damit, tatsächlich zuzuhören. Akustisches Hören ist keineswegs gleichbedeutend mit echtem Zuhören. Meist hören wir das, was wir hören wollen, am besten – ohne die Informationen unseres Gesprächspartners in ihrer Gesamtheit zu erfassen. Daraus ergeben sich im Alltag Missverständnisse, oder wir verletzen sogar Gesprächspartner unabsichtlich. Das ist leicht zu vermeiden, wenn wir an unseren Fähigkeiten arbeiten, „aktiv" zuzuhören.

9.2 Ein Beispiel

Frau Becker arbeitet als Managerin für einen internationalen Konzern in Deutschland, wo sie einen Teilbereich der Öffentlichkeitsarbeit leitet. Ihr Vorgesetzter, Herr Kain, sitzt in Genf. Die Kommunikation der gesamten Abteilung ist über verschiedene Länder Europas verstreut und läuft vor allem über E-Mails und Videokonferenzen ab. Herr Kain trifft Frau Becker etwa alle 14 Tage persönlich.

Frau Becker hat seit einiger Zeit ein Problem mit einem Berater, den Herr Kain ihr empfohlen hat. Dieser hat Frau Becker ein

Konzept für einen ihrer Arbeitsbereiche vorgeschlagen, auf das sie zunächst skeptisch reagiert. Der Berater fasst daraufhin seine Vorschläge noch einmal schriftlich in einem Arbeitspapier zusammen. Frau Becker äußert deutlich und offen ihre Zweifel an der Qualität der angebotenen Leistung. Dennoch erhält sie unaufgefordert ein Angebot über eine große Konzeption mit Maßnahmen zur Umsetzung im Gesamtumfang von 15 000 Euro. Dabei sind die Inhalte des Angebots identisch mit dem vorgelegten Arbeitspapier. Frau Becker ist irritiert. Sie ruft den Berater sofort an, um ihren Unmut über diese Vorgehensweise zu bekunden. Sie erklärt ihm ferner deutlich, dass sie an seinen Leistungen nicht interessiert ist und auch nicht die Absicht hat, auf das Angebot einzugehen. Der Berater widerspricht nicht, bleibt sehr freundlich, und Frau Becker beschließt das Gespräch im Vertrauen darauf, dass sie verstanden worden ist.

Eine Woche später jedoch erhält Frau Becker eine Rechnung des Beraters über die Summe des Angebots: 15 000 Euro. Dem beigefügten Brief entnimmt sie, dass ihr Chef ebenfalls eine Kopie dieser Rechnung erhalten hat. Sie ist außer sich vor Zorn und beschließt, die Angelegenheit mit ihrem Chef beim nächsten gemeinsamen Gespräch in fünf Tagen zu regeln. Am nächsten Tag schon erhält sie einen Anruf ihres Chefs, der die Rechnung inzwischen gesehen hat und darüber äußerst erbost ist. Frau Becker schildert ihm kurz den Sachverhalt. Er unterbricht sie sofort mit der Bemerkung, sie habe hier offenbar einen gravierenden Fehler gemacht. Das Jahresbudget sei bereits verplant und die 15 000 Euro Extra-Ausgaben würden zu Nachfragen der Geschäftsleitung führen. Frau Becker sieht im Moment keinen anderen Ausweg, als das Gespräch auf die persönliche Begegnung zu vertagen. Herr Kain akzeptiert.

Wenn sie sich zum persönlichen Gespräch treffen, nehmen sich Frau Becker und Herr Kain in der Regel zwei Stunden Zeit. Frau Becker kommt im aktuellen Gespräch sofort zu ihrem wichtigsten Punkt und beklagt sich bei Herrn Kain über das Verhalten des Beraters: „Ich weiß wirklich nicht, wie dieser Mensch dazu kommt, mir ungefragt nicht nur sein Arbeitspapier zu schicken, sondern auch gleich sein Angebot hinterher. Ich habe ihm deutlich gesagt, dass ich nicht daran interessiert bin und dass die Inhalte nicht das treffen, was ich mir vorgestellt habe. Er hat mich regelrecht belästigt mit seinen Ideen, alle meine Einwände wollte er nicht hören. Später war er am Telefon sehr freundlich und hat mir den Eindruck vermittelt, als verstehe er meine Kritik. Zum Schluss hat er gesagt, er sei damit einverstanden, dass wir nicht ins Geschäft kommen!"

Herr Kain ist genervt über dieses, wie er findet, emotionale „Klagelied" von Frau Becker. Er hat von ihr in diesem Gespräch einen konstruktiven Vorschlag erwartet, wie sie diese verfahrene Situation lösen will und vor allem, wie die 15 000 Euro gespart werden können. Aufgrund seiner Zeitnot – er muss die Diskussion früher abbrechen, um einen Flug zu erreichen – schneidet er Frau Becker kurzerhand das Wort ab und erklärt ihr, sie habe einen Fehler gemacht und verstehe wohl nicht, worum es gehe. Deshalb werde er die Sache selbst in die Hand nehmen, den Berater anrufen und versuchen, ihn herunterzuhandeln oder mit ihm irgendeine Art von Einigung zu finden.

Frau Becker ist fassungslos: Sie hat erwartet, dass ihr Chef sich auf ihre Seite stellt und mit ihr gemeinsam eine Lösung findet. Darüber hinaus ist sie verletzt, weil Herr Kain davon überzeugt ist, der Fehler liege bei ihr, was sie so nicht akzeptieren will.

9.3 Das Thema: Punkte sammeln oder wirklich gewinnen?

Es ist leicht, in Gesprächen die Oberhand zu gewinnen und einen ersten Sieg davonzutragen, aber es ist schwierig, die auftretenden Probleme wirklich zu lösen. Das schaffen wir nur, wenn wir die Bedürfnisse beider Seiten angemessen berücksichtigen.

Wie wir das schaffen? Indem wir vier Ohren „auf Empfang" stellen. (Schulz von Thun). Um an dieser Stelle so viele Unwägbarkeiten auszuschalten wie möglich, müssen wir sicherstellen, dass das, was wir gehört haben, auch das ist, was gemeint war. Sprich: Wenn wir Konflikte langfristig vermeiden wollen, gilt es, zuallererst unsere Fähigkeiten zu entwickeln, gut und „aktiv" zuzuhören.

Wir leiden fast alle an kommunikativer Kurzsichtigkeit und betrachten die Dinge nur aus unserem eigenen Blickwinkel. Besonders in Konflikten wissen wir meist sehr gut, was wir selbst wollen, aber wir sehen nicht, was unser Gesprächspartner will. Um hier einer Lösung näher zu kommen, müssen wir die Perspektive unseres Gegenübers einnehmen. Wir müssen uns sehen, wie der andere uns wahrnimmt. Und wir müssen in der Lage sein, unseren Gesprächspartner so zu sehen, wie er sich selbst sieht.

Das ist schwieriger, als wir denken. Versuchen Sie einmal, Ihren Mund so lange wie möglich geschlossen zu halten, wenn Ihnen jemand etwas erzählt. Wie lange halten Sie das durch? Schweigen kann eine genauso effektive Art der Kommunikation sein wie Sprache. Wir denken, dass wir laut sein müssen, um unsere Argumente besonders zu verdeutlichen. Das ist aber nicht der Fall. Je lauter wir werden und je häufiger wir uns in Streitgesprächen wiederholen, umso mehr werden wir sicherlich gehört – aber umso weniger werden wir verstanden.

Hier gibt es drei Schlüssel zum Erfolg: Üben, Üben, Üben.

9.4 Zum Hintergrund: Alle Ohren aktivieren, erfolgreich hören und verstehen

Aktives Zuhören gehört zu den wesentlichen Kompetenzen konfliktfreier Gesprächsführung. Grundsätzlich gilt: Je kontroverser das Thema, umso wichtiger ist es, den Standpunkt des Gesprächspartners sehr genau zu durchdringen, um ihn vollständig zu verstehen. Wenn ich im Gespräch zeitweise den Blickwinkel meines Gesprächspartners einnehme, heißt das aber nicht, dass ich ihn übernehme, also mir zu Eigen mache. In hitzigen Verhandlungen ist dies für Führungskräfte eine besondere Herausforderung. In der Regel fällt es uns leichter, schlagkräftige Argumente in alle Richtungen zu verteilen, als uns erst einmal zurückzunehmen.

Probleme haben immer mehrere Dimensionen. Für jede dieser Dimensionen gilt es, ein Ohr zu aktivieren:

Das Sach-Ohr:

Zunächst ist es wichtig, mit dem Sach-Ohr zu hören, welche Informationen mir im Gespräch geboten werden: Worum geht es hier eigentlich und was sind die Fakten?

Das Selbstkundgabe-Ohr:

Es geht bei Problemen immer auch um Gefühle. Wichtig ist es hier, das „Selbstkundegabe-Ohr" zu aktivieren und herauszufinden, in welcher Stimmung sich mein Gesprächspartner befindet. Was erfahre ich über ihn und seine Gefühle? Die Fähigkeit, auf die Emotionen unseres Gegenübers einzugehen, entscheidet über den Erfolg unserer Kommunikation ebenso wie die Reflexion des Inhalts.

Das Beziehungs-Ohr:

Mit dem „Beziehungs-Ohr" hören wir, wie unser Gegenüber uns sieht im Verhältnis zu ihm. Was denkt er über uns?

Das Appell-Ohr:

Den Schritt in die Lösungsphase unseres Problems lenkt das „Appell-Ohr": Was will mein Gesprächspartner von mir? Wie soll ich mich seiner Meinung nach verhalten?

Natürlich ist das, was wir hören, abhängig von der Beziehung zu unserem Gegenüber und auch von unserer eigenen aktuellen Stimmung. Zudem haben wir natürlich die Wahl, auf welche der Botschaften wir reagieren wollen. Hier spielen unsere persönlichen Vorlieben und Abneigungen eine große Rolle.

Wenn es uns nicht gelingt, alle vier Ohren vollständig zu aktivieren, haben wir im Ergebnis eine Kommunikation als Einbahnstraße. Einbahn-Kommunikatoren erkennen wir daran, dass sie vor allem viel reden, kaum zuhören und auch nicht daran interessiert sind, ob ihr Gesprächspartner versteht, was sie sagen. Wenn wir selbst auf diese Art kommunizieren, wissen wir zwar genau, was wir gesagt haben, aber wir haben keine Ahnung, was unser Gegenüber gehört hat. Das Ergebnis: Konflikte.

Eigene Filter erkennen und managen

Wenn wir richtig zuhören und Konflikte vermeiden wollen, müssen wir uns unserer eigenen Filter bewusst sein. Wir können nicht beeinflussen, wie gut unser Gesprächspartner kommuniziert, wir können nur beeinflussen, wie das, was er sagt, bei uns ankommt. Wir können sensibilisiert sein für alles, was die Botschaft unseres Gegenübers verzerrt, also für unsere eigenen Filter. Vielleicht gehen wir mit einer starren Position in unser Gespräch und haben bereits unsere eigene Agenda im Kopf, die wir durchsetzen wollen. Oder wir haben eine stark vorgefasste Meinung über unseren Gesprächspartner: Möglicherweise trauen wir ihm nicht. Vielleicht macht uns die Situation im Vorhinein bereits wütend. All diese Filter können das, was wir hören, stark verzerren.

Filter führen in der Regel dazu, dass wir im Gespräch zu früh eine Entscheidung treffen – über den Konflikt oder über unseren Gesprächspartner, was bewirkt, dass wir nicht mehr klar hören, was unser Gegenüber sagt. Jede Äußerung drehen wir so, dass sie in unser vorgefertigtes Bild passt, zu dem, was wir denken, fühlen und glauben.

Nicht gewinnen, sondern verstehen

Das Geheimnis heißt: Empathie, also Einfühlung. Wir scheuen in der Regel davor zurück, weil wir Angst haben, ausgenutzt zu werden. Wir scheinen Terrain aufzugeben, wenn wir uns auf die andere Seite einlassen. Meist wollen wir im Gespräch „gewinnen", besonders wenn wir Führungskräfte sind. Das ist ganz normal: Es vermittelt ein Gefühl von Stärke und Befriedigung, aus der Situation als Sieger hervorzugehen. Für Beziehungen, auch im Berufsleben, ist das jedoch eine Katastrophe. Wenn es unser Ziel ist, unter allen Umständen gewinnen zu wollen, verletzen wir meist die Gefühle unserer Gesprächspartner, was bei ihnen zu starkem Widerstand führt. Damit setzen wir eine Spirale der Eskalation in Gang, die über Feindseligkeit über Distanzierung bis zum Abbruch der Beziehung führen kann.

Wie können wir dieses Muster durchbrechen? Indem wir tatsächlich zuhören. Indem wir hören und verstehen, was unser Gesprächspartner sagt, statt uns zu wappnen vor dem, was er – unserer Meinung nach – als Nächstes sagt und was wir weit von uns weisen werden. Beim aktiven Zuhören sind wir natürlich nicht immer einer Meinung mit unserem Gegenüber, und uns gefällt auch meist nicht, was er sagt, aber wir bemühen uns, seinen Gedankengängen zu folgen und die Bedürfnisse und Gefühle zu verstehen, auf denen sie basieren. Wenn dieser Punkt erreicht ist, wenn beide Seiten sich tatsächlich verstehen und eine Atmosphäre von Vertrauen und Wertschätzung geschaffen haben, ist der Weg zur Lösung des Konflikts bereitet.

9.5 Das Ziel: Hören, was gesagt wird – verstehen, was gemeint ist

Was ist hier in unserem Beispiel zwischen Frau Becker und Herrn Kain passiert? Offenbar sehen die beiden den Konflikt aus ganz unterschiedlichen Blickwinkeln. Frau Becker ist vor allem irritiert und verletzt über die Verhaltensweisen des Beraters. Sie spricht in das Selbstkundgabe-Ohr von Herrn Kain. Herr Kain dagegen sieht sich mit dem Problem der 15 000 Euro konfrontiert, die er der Geschäftsleitung erklären muss. Das heißt, er hat hier sein Sach-Ohr aktiviert. Allerdings nur teilweise, denn ein wichtiger Teil des Sachproblems – die Rolle des Beraters und die Frage, ob er mit einer Rechnung für die von Frau Becker abgelehnten Leistungen im Recht ist – wird nicht besprochen.

Das Beziehungs-Ohr von Herrn Kain ist deaktiviert. Es kommt in unserem Bespiel nicht dazu, dass Frau Becker überhaupt äußern kann, was sie von ihrem Chef erwartet. Herr Kain schneidet ihr bereits vorher das Wort ab. Er bewertet ihr Verhalten negativ und trifft sofort seine Entscheidung. Für Frau Becker heißt das, sie wird nicht in die Lösung einbezogen und muss davon ausgehen, dass ihr Chef sie nicht für fähig hält, am Lösungsprozess teilzuhaben.

Auch das Appell-Ohr nutzt Herr Kain nicht. Er erfährt nicht, was Frau Becker von ihm will und wie er sich ihrer Meinung nach konkret verhalten soll.

Hier sehen wir den Effekt: Sind im Gespräch nicht alle Ohren aktiviert, reden die Gesprächspartner aneinander vorbei, ohne die Chance zu nutzen, eine Lösung zu erarbeiten. Beide sind unzufrieden.

Eigene Filter deaktivieren und Konflikte vermeiden

Herr Kain hat im Gespräch mit Frau Becker verschiedene Filter aktiviert, wie unser Beispiel zeigt. Er bewertet ihr Verhalten sofort negativ: „Sie haben hier einen Fehler gemacht", und weist ihr quasi die Schuld zu. Dies an einem Punkt, wo auf der Sachebene noch nicht alle Fragen geklärt sind. Das Beispiel lässt den Schluss zu, dass das Verhalten des Beraters nicht eindeutig dem korrekten Verfahren im Geschäftsleben entspricht. Hier fragt Herr Kain jedoch nicht nach. Im Gegenteil, er trifft sofort seine Entscheidung über das weitere Vorgehen. Auch sein persönlicher Zeitdruck führt dazu, dass er seine eigene Agenda schnell umsetzt.

Er ist nicht bereit, auf die Gefühle von Frau Becker einzugehen, und blockiert mit seinen Erwartungen – er hat sich bereits von ihr einen Vorschlag zur Lösung des Problems erhofft – die Beendigung des Konflikts. Herr Kain löst zudem bei Frau Becker großen Widerstand aus, indem er sie bewertet. „Sie haben da einen Fehler gemacht", und er vermengt seine eigene Geschichte mit dem Problem: „Wie soll ich das der Geschäftsleitung erklären?" Und er hat auch sofort den Ratschlag zur Hand, wie er das Problem lösen will: „Ich nehme die Sache selbst in die Hand ..." Diese Filter sollten wir unbedingt vermeiden, wenn wir Konflikte lösen wollen.

<u>LEITSÄTZE</u>

Für das richtige, also aktive Zuhören sind vier Stufen wichtig – denken Sie an die Ohren.

■ Zeigen Sie Präsenz.
Nehmen Sie sich Zeit, widmen Sie auf jeden Fall Ihren Gesprächspartner die volle Aufmerksamkeit. Halten Sie Augenkontakt.

Sprechen Sie erst, wenn drei Sekunden vergangen sind, nachdem er ausgeredet hat.
- Gehen Sie auf die Inhalte ein.
  Bringen Sie die Kernaussagen Ihres Gesprächspartners auf den Punkt. Fassen Sie regelmäßig zusammen, was Sie verstanden haben.
- Sprechen Sie über Gefühle.
  Thematisieren Sie die Gefühle Ihres Gesprächspartners – gehen Sie nicht darüber hinweg.
- Fragen Sie, was Ihr Gesprächspartner konkret von Ihnen will. Bitten Sie Ihr Gegenüber um seine Wünsche und Vorschläge.

Hohe Präsenz zeigen wir, indem wir uns auf unseren Gesprächspartner konzentrieren. Das Eingehen auf die Gefühle können wir intensivieren durch kurze prägnante Zusammenfassungen wie: „Das heißt also, Sie waren nach diesem ersten Telefonat richtig sauer?" Wenn dann von unserem Gesprächspartner ein: „Genau" zurückkommt, können wir sicher sein, dass er sich „gehört" fühlt. Es ist also ratsam zu prüfen, ob, was ich gehört habe, auch das ist, was mein Gesprächspartner gemeint hat.

Um auf diese Weise zuhören zu können, müssen Sie Ihre eigenen Filter kennen. Machen Sie ein Inventar, was Sie persönlich davon abhält, richtig zuzuhören:

Sind Sie oft unter Zeitdruck?

Haben Sie vorgefasste Meinungen über Ihre Gesprächspartner? Wann und wo geben Sie gern Ratschläge?

Stellen Sie „Warum"-Fragen und analysieren gern das Verhalten Ihrer Partner?

Das Muster Ihrer eigenen Filter durchbrechen Sie am effektivsten, wenn Sie die richtigen Fragen stellen. Richtig sind alle Fragen, die nach etwas Konkretem fragen, also zum Beispiel:

Was ist in der Situation X passiert?

Was haben Sie dann getan?

Wie ist es dazu gekommen?

Wie hat Herr Y reagiert?

Womit begründen Sie Ihre Meinung

9.6 Der Nutzen: Aktives Zuhören als Basis erfolgreicher Zusammenarbeit

Für eine erfolgreiche Zusammenarbeit spielt die Kunst des aktiven Zuhörens eine entscheidende Rolle. Mitarbeiter, die sich über längere Zeit von ihrem Vorgesetzten oder in ihrem Unternehmen nicht gehört fühlen, werden über kurz oder lang in die innere Emigration gehen. Sie ziehen sich auf Positionen zurück wie: „Hier ändert sich ja doch nichts", oder: „Es bringt nichts, dem Chef Vorschläge zu machen – er hört ja doch nicht zu". Natürlich können wir als Chef einer Abteilung denken: „Oh mein Gott, wenn ich mich jetzt auch noch um die Gefühle meiner Mitarbeiter kümmern muss, komme ich zu gar nichts mehr." Das ist ein weit verbreiteter Trugschluss. Wenn Sie im Gespräch Gefühle zulassen – wie in unserem Beispiel Herr Kain das „Klagelied" von Frau Becker – und ihrem Gegenüber zeigen, dass es in Ordnung ist, diese zu zeigen, werden Sie schnell zu den wirklich wichtigen Punkten und damit Ihrem Problem auf den Grund kommen.

Es zahlt sich aus, an dieser Stelle zu investieren, denn die Zeit, die wir sonst für das Ausbügeln von Verletztheiten sowie für die Aufklärung von Sachverhalten und Missverständnissen aufwenden, ist garantiert länger.

Wir müssen unseren Anspruch aufgeben, Recht haben zu wollen. Wenn wir mit der Aussage unseres Gesprächspartners unzufrieden sind, haben wir zwei Möglichkeiten: 1. kritisieren oder 2. im Auge behalten, wo wir hinwollen.

Wenn wir selbst Kritik aufnehmen müssen, hilft es in Konflikten meist nicht, die Kritik zurückzuweisen: Don't strike back! Wenn Sie jemand kritisiert, hat das meist mehr mit der Person selbst zu tun als mit Ihnen selbst. Hier ist die richtige Strategie: Fragen stellen!

Wir müssen aufgeben, Annahmen über die (bösen) Absichten unseres Gegenübers zu treffen. Damit rufen wir negative Gefühle bei uns selbst und bei unseren Gesprächspartnern hervor. Auch erhöhen wir den Grad des Widerstands auf der anderen Seite. Menschen werden uns in unserer Argumentation nicht folgen, wenn sie Grund zu der Annahme haben, dass wir sie angreifen.

9.7 Die Strategie: Dem Gesprächspartner zeigen, dass Sie ihn ernst nehmen

Wie wäre die Situation für beide Seiten befriedigend verlaufen? Zunächst hätte Herr Kain als Vorgesetzter auf sein Zeitproblem hinweisen können. So hätte Frau Becker sofort gewusst, dass die Kürze der Behandlung des für sie dringenden Problems nichts mit ihr persönlich zu tun hat, sondern mit dem engen Terminplan von Herrn Kain. Herr Kain hätte hier durch aktives Zuhören zunächst einmal erfragen können, wie sich der Sachverhalt für Frau Becker darstellt, um herauszufinden, ob sie tatsächlich an irgendeiner Stelle des Prozesses einen Fehler gemacht hat. Ihr „Klagelied" hätte er leicht beendet, wenn er auf ihre Gefühle eingegangen wäre. Mitgefühl lässt sich auf mindestens zweierlei Weise im Gespräch zeigen: durch ein hohes Maß an Präsenz und durch gezieltes Eingehen auf die Gefühle unseres Gegenübers.

Ziel des aktiven Zuhörens ist es, nicht nur das zu hören, was gesagt wird, sondern auch das, was gemeint ist. Wir versuchen also, uns und unserem Gesprächspartner wiederzugeben, was wir gehört haben, um sicherzugehen, dass wir ihn wirklich verstanden haben. Wir dokumentieren damit: „Ich verstehe nicht nur, was du sagst, sondern auch, was du meinst und wie dir dabei zumute ist." So leuchten wir die Hintergründe eines Problems effektiv aus, um eine gemeinsame Lösung zu finden. Die Schwierigkeit für uns als Führungskräfte ist dabei, dass wir es meist nur schwer aushalten, dass nicht sofort eine Lösung auf dem Tisch liegt. Vertrauen Sie auf den Prozess: Spätestens wenn Sie Ihr Gegenüber nach seinen Bedürfnissen fragen: „Welchen Ausgang wünschen Sie sich für diese Geschichte?", oder: „Was würden Sie vorschlagen?", bekommen Sie Ihre Lösung.

Herr Kain hätte Frau Becker mitteilen können, dass er aufgrund seines Abflugtermins dieses Mal weniger Zeit als üblich für ihr gemeinsames Gespräch hat. Das hätte Frau Becker vielleicht veranlasst, schneller auf den Punkt zu kommen. Zudem hätte Herr Kain ihr zunächst seine ungeteilte Aufmerksamkeit für das Problem signalisieren können. Außerdem hätte er mit Ruhe und Augenkontakt seine Präsenz gezeigt. Auch hätte er mit gezielten Zusammenfassungen der von Frau Becker angebotenen Informationen wie: „Ich verstehe Sie doch richtig, dass ...," „Und Sie können sich nicht erklären, wieso ...", „Das heißt also, Sie haben ..." den Sachverhalt klären können. Dieser Anteil der gezielten Nachfragen sollte in einem Gespräch etwa 70 Prozent des Gesagten betragen.

Herr Kain hätte im Gespräch mit Frau Becker Fragen nach dem Sachverhalt stellen müssen: „Was ist passiert?", „Was haben Sie genau in dieser Situation gesagt?", „Wie ist es zu dem Angebot gekommen?", „Wie haben Sie genau reagiert?" Die Frage nach dem „Warum" sollte man vermeiden: Sie führt leicht dazu, dass sich Menschen zu Rechtfertigungen genötigt fühlen. Besser ist: „Aus welchem Grund ...?", wenn es sich denn nicht vermeiden lässt.

Apropos: In dem Fall, der diesem Beispiel zugrunde liegt, hat Frau Becker ihr Unternehmen verlassen, weil sie die „schnellen Lösungen" ihres Chefs satt hatte, die sie und ihre Wünsche völlig außer Acht ließen.

Damit Ihnen so etwas nicht passiert, öffnen Sie sich für Ihre Gesprächspartner. Zeigen Sie ihnen, dass Sie ihren Blickwinkel ernst nehmen. Versetzen Sie sich in ihre Lage.

Wenn keiner gewinnt, gehen beide mit dem Preis nach Hause

Wenn die Strategie der schnellen Lösung so schlechte Ergebnisse bringt, warum verfolgen wir sie dann doch so häufig? Aus unterschiedlichen

Gründen. Manchmal sind wir der Meinung, wenn wir selbst nicht zuerst zuschlagen, werden wir von unserem Gegenüber „geschlagen". Sind wir selbst nicht unangreifbar, werden wir angegriffen. Wir glauben, dass es zwei Lösungen gibt: Schwarz oder Weiß, Eroberer oder Besiegter. Der Gewinn lässt uns einen Moment lang glauben, wir hätten gesiegt und triumphiert – und die richtige Taktik gewählt. Aber tragischerweise ist dies die Strategie, die am wenigsten zum Erfolg führt, wenn wir Probleme tatsächlich lösen wollen. Den Gewinn erzielen wir auf Kosten des Verstehens. Gerade dieses Verstehen bringt uns aber unserer Konfliktlösung näher.

Was tun, wenn uns eine Äußerung unseres Gesprächspartners sehr ärgert? Die Aufmerksamkeit von ihm weg richten auf unseren Atem. Atmen und darauf achten, dass das Ausatmen länger dauert als das Einatmen. Warum das wichtig ist? Meist halten wir die Luft an, wenn wir uns ärgern, oder unser Atem wird schneller. Indem wir uns auf unseren Atem konzentrieren, entspannen wir uns und können uns wieder auf das konzentrieren, was unser Gesprächspartner sagt.

Eine andere Strategie ist, sich daran zu erinnern, dass Sie zu dem Zeitpunkt, da Sie zuhören, Ihrem Gesprächspartner weder zustimmen noch das Problem lösen müssen. In diesem Moment geht es um die Kontaktaufnahme zu dem Menschen, der Ihnen gegenüber sitzt, es geht „nur" darum zuzuhören.

9.8 Übung

„Aktives Zuhören" – wie aktiviere ich meine Ohren?

Bereiten Sie ein Gespräch in vier Schritten vor, in dem Sie Ihre Fähigkeit zum aktiven Zuhören entwickeln wollen:

1. Für die Beziehung zu Ihrem Gesprächspartner

Wie sehe ich meinen Gesprächspartner? Wie zeige ich Präsenz?	Wie sieht mein Gesprächspartner mich?

2. Für die Inhalte Ihres Gesprächs

Wie sehen Sie den Sachverhalt? Welche Fragen wollen Sie stellen?	Wie stellt sich der Sachverhalt für Ihren Gesprächspartner dar?

3. Für die Gedanken und Gefühle über Ihren Gesprächspartner

Welche Gedanken und Gefühle habe ich zu unserem Gespräch? Wie gehen Sie auf die Gefühle Ihres Gesprächspartners ein?	Welche Gedanken und Gefühle hat mein Gesprächspartner?

4. Für die Ziele Ihres Gesprächs

Was wollen Sie erreichen? Wie erfragen Sie die Bedürfnisse Ihres Gesprächspartners?	Welche Ziele hat Ihr Gesprächspartner?

Zur persönlichen Auswertung der Übung:

Wenn es Ihnen schwer fällt, sich in die Lage Ihres Gesprächspartners hineinzuversetzen, und wenn Sie entdecken, dass Ihre Vorbereitung an einigen Stellen Lücken hat: Formulieren Sie Fragen an Ihr Gegenüber zu all den Punkten, über die Sie nichts wissen. Auf diese Weise werden Sie den Blickwinkel Ihres Gesprächspartners schnell verstehen.

Ein persönlicher Tipp:

Fragen Sie im Gespräch mit schwierigen Menschen insbesondere nach Gefühlen, also zum Beispiel: „Ich höre aus Ihrer Bemerkung heraus, dass Ihnen dieses Thema unangenehm ist. Zu meinem Verständnis: Bitte erklären Sie mir doch etwas genauer, was Sie an der Situation X so sehr stört."

Wenn Sie die Gefühle Ihres Gegenübers in Konfliktsituationen ignorieren, werden diese ihre negativen Gefühle mit sich herumtragen, wahrscheinlich damit schlechte Stimmung verbreiten. Auf jeden Fall Ihnen gegenüber ihre Offenheit verlieren.

10. Es ist besser, eine Kerze anzuzünden, als die Dunkelheit zu verfluchen

Wie Sie für Gruppenkonflikte Ihre eigene Strategie entwickeln

10.1 Einführung

Gute und effektive Kommunikation kommt immer dann zustande, wenn wir es schaffen, eine echte Verbindung zu unserem Gesprächspartner aufzunehmen. Bei der täglichen Kommunikation ist es wie beim Tanzen: Unser Partner macht einen Schritt vorwärts, wir treten zurück, oder umgekehrt. Ein falscher Schritt kann beide Tanzpartner aus dem Takt, möglicherweise sogar zu Fall bringen. Spätestens dann ist der Zeitpunkt für die Frage gekommen: Wie wollen wir weitermachen? Was wünscht sich der andere? Was kann ich tun? Ihr Gegenüber wird dazu konkrete Ideen haben – sie alle werden eines deutlich machen: Es geht um gegenseitige Anerkennung und Wertschätzung.

Darum geht es vor allem auch in Konflikten, denen wir im Berufsleben begegnen: Wir lösen sie dann konstruktiv, wenn wir die Bedürfnisse unseres Konfliktpartners sehen und berücksichtigen und wenn wir ihm mit Respekt begegnen.

In Konflikten fühlen wir uns jedoch in der Regel erst einmal persönlich angegriffen, wir neigen dazu, uns zu verteidigen und verbal zuzuschlagen. Die so entstehenden Wortgefechte bringen uns meist unserem Ziel kein Stück näher, sie belasten vielmehr die Beziehungen zu unserem

Gesprächspartner und haben oft sogar das Potential, sie zu zerstören. In Gesprächen mit einem schwierigen Gegenüber neigen wir erst einmal dazu, unsere Aufmerksamkeit darauf zu richten, die Fehltritte anderer zu definieren: Wir analysieren, wie sie sich verhalten. Wir gehen noch nicht den konstruktiven Weg.

Was hilft uns also, dieses Ziel zu erreichen? Wie verzichten wir darauf, Bewertungen der Situation, der beteiligten Personen oder gar Schuldzuweisungen vorzunehmen, die uns der Konfliktlösung keinen Schritt näher bringen? Wie konzentrieren wir uns auf die Fakten und was den Äußerungen auf beiden Seiten zugrunde liegt?

10.2 Ein Beispiel

Herr Heinrich und Herr Peter arbeiten bei einem führenden IT-Hersteller, Herr Heinrich als Leiter der Produktentwicklung, Herr Peter leitet die Technikabteilung. Beide sind langjährige Mitarbeiter ihrer Firma, reden aber seit etwa drei Jahren aufgrund eines privaten Streits kaum noch miteinander.

Das Unternehmen will nun in einigen Monaten europaweit ein neues Software-Produkt einführen, von dem sich die Geschäftsleitung eine erhebliche Steigerung des Umsatzes verspricht. Herr Heinrich als Projektleiter steht damit unter einem enormen Druck. Die Vorbereitungen für die Produkteinführung laufen auf Hochtouren. Vier weitere Abteilungen sind an dem Projekt beteiligt: Kundenbetreuung, Vertrieb, Marketing und Einkauf.

Die Kunden-Hotline für das neue Produkt soll eine Fremdfirma übernehmen, deren Vertrag die Zahlung einer Initialpauschale für die Einführungsphase des Produktes vorsieht und auf einem monatlichen Mindestumsatz von mehreren 100 000 Euro basiert. Herr Heinrich hat den Vertrag im Entwurf erhalten und leitet ihn zur Genehmigung an die Leiter der Abteilungen Technik, Vertrieb und Kundenbetreuung weiter. Er erhält die Unterschriften seiner Kollegen und auch die der Geschäftsleitung.

Vier Wochen später trifft die erste Rechnung in der Abteilung Einkauf ein, die für die Abwicklung aller Rechnungen zuständig ist. Der Leiter des Einkaufs, Herr Paul, weiß mit der Rechnung nichts anzufangen und kann sie keinem Budget zuordnen. Auf Nachfrage von Herrn Paul in allen Abteilungen erklärt Herr Heinrich, er sei davon ausgegangen, dass die Abteilung Kundenbetreuung die Kosten übernimmt, da es sich um die Kunden-Hotline für das neue Produkt handelt – bei den letzten Sitzungen der Projektgruppe schien das auch alles klar gewesen zu sein.

Herr Peter erklärt Herrn Paul auf Nachfrage, er als Techniker habe nur geprüft, ob im Vertrag alle Punkte berücksichtigt sind, die technische Relevanz für das Produkt haben. Der Vertriebsleiter erklärt Herrn Paul, er habe den Vertrag nie gesehen und sei über die Höhe der Rechnung irritiert. Die Leiterin der Abteilung Kundenbetreuung, Frau Klaus, ist empört, dass ihr Budget allein mit den Kosten belastet werden soll. Sie fühlt sich bei diesem Projekt insgesamt übergangen, da ihrer Meinung nach die Geschäftsleitung ihr die Projektleitung hätte übertragen müssen. Sie hat diesen Punkt jedoch nicht offen thematisiert.

Herr Paul als Leiter des Einkaufs weigert sich jetzt, die Rechnung zu zahlen und bittet um eine Klärung in der Projektgruppe ...

10.3 Das Thema: Den Sinn des Konflikts erkennen – Verantwortung für sich selbst und die Situation übernehmen

Dieses Beispiel ist auf unterschiedliche Weise repräsentativ. Es zeigt, dass den meisten Problemen, die in Unternehmen auftauchen, sowohl menschliche als auch strukturelle Konflikte zugrunde liegen. Die Versöhnung zwischen den beiden Abteilungsleitern Herrn Heinrich und Herrn Paul ist hier ebenso ein Thema wie das Management des aktuellen Konflikts. Wo immer sich Menschen begegnen, in unserem beruflichen Alltag oder in privaten Beziehungen, stoßen wir auf den Widerspruch zwischen unserem Wunsch nach möglichst harmonischen Beziehungen und der oftmals totalen Unfähigkeit, Sachverhalte zu klären, Spannungen zu lösen und Meinungsverschiedenheiten auszutragen.

Meist sind wir emotional stark an unserem Konflikt beteiligt und ärgern uns so sehr über unseren Gesprächspartner, dass es uns nicht mehr gelingt, Verantwortung für unsere eigenen Wünsche und Ziele zu übernehmen. Wir schieben damit die Zuständigkeit anderen zu – sie sollen handeln, damit sich unsere Lage bessert oder die Konfliktsituation entschärft wird. Oberflächlich betrachtet, entlasten wir uns damit erst einmal. Wir müssen jetzt nicht mehr über unseren eigenen Anteil an der Situation nachdenken. Tatsächlich geben wir damit Macht ab – wir übertragen unserem Konfliktpartner Verantwortung für die Situation, sind selbst in der passiven Rolle und nicht mehr unmittelbar in der Lage, die Situation zu verändern.

Zudem lassen wir uns in aktuellen Arbeitskonflikten oft von Annahmen über die beteiligten Parteien oder den Sachverhalt leiten statt von Tatsachen. Objektivität spielt jedoch in Konflikten eine entscheidende Rolle, gerade für Führungskräfte und/oder Projektmanager. Nur mit Informationen lassen sich letztlich Kollegen und Mitarbeiter motivieren.

Werden dann die Interessen der Parteien herausgearbeitet, die den Konfliktpositionen zugrunde liegen, ist der erste Schritt zu einer nachhaltigen „Win-Win-Lösung" gemacht (Fisher/Ury 1990). Gerade bei eskalierenden oder bereits eskalierten Konflikten ist es unerlässlich, dass wir Konfliktgespräche kompetent vorbereiten – oder uns dabei der Hilfe eines professionellen Konfliktmanagers bedienen.

Für die Konflikte in Gruppen sind auch deren Eigenschaften sehr wichtig. Je größer eine Gruppe, umso mehr Bedürfnisse und Meinungen stehen im Raum. Oft gibt es Tabus im Gespräch – in unserem Beispiel die Tatsache, dass Herr Heinrich und Herr Peter nicht miteinander reden, was jedoch offenbar von den anderen Konfliktparteien ignoriert wird.

Widersprüche in Gruppen sind jedoch ein erster Schritt für Veränderungen, zum Beispiel in Unternehmen. Ergebnisse von Veränderungsprozessen bringen neue Entwicklungen in Gang und schaffen damit zukunftsfähige Teams. Was heißt das konkret? Grundsätzlich sind Gruppen, die sich durch gegnerische Lager auszeichnen, langfristig erfolgreicher als harmonische Gruppen, denn ein durch Opposition gestärktes Team trifft bessere und langfristig tragfähigere – wenn auch keine leichteren – Entscheidungen.

10.4 Zum Hintergrund: Gruppenkonflikte, ihre Ursachen und Auswirkungen

Konflikte am Arbeitsplatz sind normal und Spannungen gehören zum Alltag in Unternehmen. Zwischenmenschliche Konflikte treten dabei mindestens so häufig auf wie die Kontroversen auf der Sachebene. Oft sind diese Konflikte von inneren Widersprüchen getragen: Sehr persönliche Selbstzweifel und Unsicherheiten bestimmen unser Verhalten. Aus Angst meiden wir bestimmte Personen oder Situationen. Wir übertragen unsere eigenen inneren Konflikte auf unsere Umgebung.

Diese Konflikte sind vielfach miteinander verbunden, zum Beispiel, wenn sich Mitarbeiter eines Teams vom Chef persönlich ausgegrenzt und bei wichtigen Arbeitsaufgaben benachteiligt fühlen. Bei Konfliktstrukturen, die von Hierarchien geprägt sind, finden Interventionen dann auf der Machtebene statt, oder die Rechte der Beteiligten kommen ins Spiel.

Auf der Ebene der Macht wird der Konflikt zwischen den Beteiligten vom Vorgesetzten, also dem Ranghöheren, entschieden. Die Beschwerden der Konfliktparteien, auch ihre Emotionen, werden dabei oftmals ignoriert. Mitarbeiter werden abgemahnt oder versetzt.

Wenn vor allem Rechtsansprüche formuliert werden, bleibt der Konflikt, um den es eigentlich geht, unbearbeitet. Es geht um Recht oder Unrecht einzelner Positionen, die nicht selten vor Gericht führen. Formalien dienen hier oft als Alibi für die echte Konfliktlösung.

Ziel ist jedoch die autonome und eigenverantwortliche Verhandlung der Konfliktparteien selbst. Der Unterschied? Nicht die Rechtsansprüche oder Positionen stehen im Mittelpunkt, sondern eigene Wünsche, Bedürfnisse und Ziele kommen ins Spiel. Meist geht es ja nicht darum, ob zum Beispiel eine Abmahnung rechtens ist oder nicht, sondern um unseren Wunsch, dass unsere Arbeit gewürdigt wird, wir Anerkennung und Respekt erfahren, dass wir fair behandelt werden.

Wo immer Menschen zusammen arbeiten, stoßen wir auf den Widerspruch zwischen dem Bedürfnis nach Einverständnis und der Unfähigkeit, Meinungsverschiedenheiten offen zu thematisieren. Versöhnung an dieser Stelle ist harte Arbeit. Wenn das Ergebnis ehrlich und tragfähig sein soll, müssen wir erst einmal zu unseren negativen Gefühlen stehen. Das macht die Sache so schwierig, denn was wir in Konflikten vor allem erleben, sind starke Gefühle bis hin zu Wut und Rachegelüsten.

Diese Empfindungen und der Grad ihres Ausbruchs, unsere Reaktionen auf Kränkungen und erlittenes Unrecht sind von unseren ganz frühen Bindungserfahrungen geprägt. Robert Karen spricht hier vom „binären Baby" und meint damit die frühkindliche Phase, in der wir unsere Mutter als zwei getrennte Personen empfinden, die „gute" Mutter, die uns hegt und pflegt und die „böse" Mutter, die uns etwas verweigert. Die Welt wird sofort komplizierter, wenn wir begreifen lernen, dass positive wie negative Gefühle einer Person gelten. Bestenfalls lernen wir daraus, dass Konflikte und negative Reaktionen unsere Beziehung nicht gefährden, wir sind „sicher gebunden". Erleben wir allerdings das Gegenteil, zeigt sich das häufig in einem Verhalten, das von Schuldzuweisungen und Rechthaberei geprägt ist.

In unserer Kultur laufen Versöhnung und Konfliktlösungen nach einem Ritual ab, das bereits Thomas von Aquin vor achthundert Jahren auf den Punkt gebracht hat. Der von ihm beschriebene Ablauf von Beichte, Reue und Wiedergutmachung liegt dem Modell eines Versöhnungsprozesses zugrunde, wie wir ihn auch heute in unserem Berufsalltag anwenden können.

Dazu gehört, dass wir in einem aktuellen Konflikt zunächst verstehen, dass wir uns gegenseitig verletzt haben. Es gibt so gut wie nie einen einzigen Schuldigen und ein einziges Opfer. Dies anzuerkennen ist keine leichte Sache: Wir sind viel eher der Ansicht, selbst gar nichts falsch gemacht zu haben, sondern falsch verstanden worden zu sein. Aber nur, wenn beide Seiten wirklich verstanden haben, warum der andere sich verletzt fühlt, ist der Zeitpunkt gekommen, an einer konstruktiven Lösung zu arbeiten. Wir haben an allen Konflikten, in die wir geraten, immer einen eigenen Anteil, auch wenn wir gar nichts tun. Auch nichts zu tun, ist unsere Entscheidung. Hier heißt es, eigenverantwortlich zu akzeptieren, dass wir sehr wohl beteiligt sind an dem, was in unseren Konflikten geschieht. Konflikte beginnen nicht erst dann, wenn Probleme offen zutage treten.

Die Bitte um Verzeihung kann ebenfalls eine Tür sein, durch die Konfliktpartner gehen können, um das Bemühen um Wiedergutmachung zu dokumentieren. Wir zeigen dadurch, dass wir es ernst meinen: Was kann ich zur Wiedergutmachung tun? Ziel der Wiedergutmachung ist es, wieder die gleiche Augenhöhe, also Ebenbürtigkeit zwischen den Partnern zu erzielen, nachdem diese im Konflikt darüber nachgedacht haben, wer „schuldig" oder „unschuldig" ist. Ob der Ausgleich dabei alles konkret wieder gut macht, spielt dabei eine nicht so große Rolle wie der symbolische Akt als Grundlage für einen Neuanfang.

Natürlich bringt eine Versöhnung nicht viel, wenn beide nach kurzer Zeit wieder in ihre alten Verhaltensmuster zurückfallen. Dafür ist es wichtig, sich über den Zeitraum nach der Lösung des Konflikts Gedanken zu machen und dafür konkrete Schritte zu vereinbaren.

10.5 Das Ziel: Konkrete Vereinbarungen treffen, statt mit Annahmen leben

Ziel jeder Kommunikation ist die Verständigung. Dazu ist es jedoch in unserem aktuellen Beispiel nicht gekommen. Offenbar wurde das für das Projekt wichtige Sachthema, welchem Budget welche Kosten zugeordnet werden, nicht offen diskutiert, sondern von jedem der Beteiligten ausschließlich für sich selbst beantwortet – oder gar ausgeklammert. Jeder hat aufgrund seiner eigenen Annahme gehandelt: Herr Heinrich glaubt, die Abteilung Kundenbetreuung übernimmt die Kosten des Projekts, dessen Leiter er ist, weil das thematisch passt. Dazu wurde jedoch keine Vereinbarung mit der Leiterin der Abteilung Kundenbetreuung, Frau Klaus, getroffen. Der Leiter der Technik, mit dem Herr Heinrich nicht spricht, hat das Projekt lediglich auf technische Parameter hin geprüft.

Hier hat neben weiteren Aspekten die Tatsache, dass Herr Heinrich sich zuwenig am Sachverhalt orientiert hat, zum Konflikt geführt. Als Projektleiter ist es seine Aufgabe, zu steuern und sicherzustellen, dass Verantwortlichkeiten geklärt und Aufgaben klar verteilt sind. Ebenso ist er für die reibungslose Abwicklung des Projekts, also auch die ordnungsgemäße Abwicklung der Rechnungen verantwortlich. In diesem Fall heißt das, er hätte die Abteilung Einkauf entweder bereits in die Planung oder zumindest in die weitere Abwicklung des Projekts einbeziehen müssen. Möglicherweise hat hier der Grundkonflikt – die Kommunikation mit Herrn Peter ist unterbrochen – dazu geführt, dass Herr Heinrich das Thema Kommunikation mit seinen Kollegen eher meidet.

Einen im Untergrund schwelenden Konflikt bringt sicherlich auch Frau Klaus mit in die aktuelle Problemlage. Sie sieht sich offenbar als Opfer der Verhältnisse, dem die Umstände – die Geschäftsleitung hat ihr nicht die Projektleitung übertragen – übel mitgespielt haben. Aus dieser Rolle heraus wird sie zur Änderung der Lage wenig beitragen wollen und können.

Unterbrochene Kommunikation an einer Stelle zieht in Unternehmen meist weitere Kreise. Oft wissen Kollegen und Chefs um besondere persönliche Befindlichkeiten, sprechen dies aber nicht offen an. Das Thema entwickelt sich zu einem Tabu. Solche Tabus sind für Unternehmen gefährlich, weil sie – wie in unserem Beispiel zu sehen – an anderen Stellen hervorbrechen und hier durch mangelnde Kommunikation negative Auswirkungen auf Arbeitsergebnisse zeitigen.

Was kann Herr Heinrich also konkret tun, um den Konflikt zu lösen? Idealerweise den Schritt der Versöhnung mit Herrn Peter gehen. Dann eine Strategie finden, die konstruktiv ist und die Beteiligten bei der Lösung ihres Problems unterstützt.

LEITSÄTZE

- Sprechen Sie Ihren Konflikt offen an.
- Reagieren Sie nicht sofort und emotional, nehmen Sie eine Vogelperspektive ein.

- Klären Sie Ihre Konfliktstrategie. Wen sprechen Sie genau wie an?
- Benutzen Sie keine Strategien unter der Gürtellinie, also nicht beschuldigen, den Gesprächspartner lächerlich machen, zynisch werden.
- Bereiten Sie Ihr Konfliktgespräch mit „Ich"-Botschaften vor.

10.6 Der Nutzen: Versöhnung mit uns selbst und unseren Gesprächspartnern

Wenn wir zur Versöhnung bereit sind, tun wir uns damit selbst etwas Gutes. Studien haben ergeben, dass unsere Bereitschaft, unseren Mitmenschen zu vergeben, zu mehr Lebenszufriedenheit führt sowie Stress, Unruhe und Traurigkeit erkennbar mindert. Was gewinnen wir dadurch? Klarheit und neue Handlungsfähigkeit. Wenn wir vergeben und Frieden mit unserem Konflikt geschlossen haben, können wir unsere einstmals problematischen Beziehungen retten oder aber ohne Ressentiments beenden. Im Klartext heißt das: Wenn wir den Ärger über ungerechte Chefs, undankbare Mitarbeiter und unzuverlässige Freunde überwinden, werden neue Energien frei, die wir für neue Lebensaufgaben nutzen können. Wie kann das aber gehen? In einer Konfliktsituation sind wir verletzt und ärgerlich und diese Gefühle sitzen manchmal tief. Wir plagen uns mit Wut, Vorwürfen und Rachegelüsten. Wie können wir also anfangen, unseren Konflikt konstruktiv zu bearbeiten? Schnelle Urteile und Analysen unseres Verhaltens lösen Widerstand aus und verhindern die Klärung des Konflikts: „Sie haben schon wieder den Termin vergessen", ebenfalls Vergleiche: „Wenn Sie mir das Memo genauso schnell schreiben würden wie Herr Müller, wäre ich ja zufrieden." Dagegen helfen klar ausgedrückte Beobachtungen, trotz ihrer kritischen Aussage, eine spannungsfreie Atmosphäre zu schaffen: „Wie ich sehe, ist dieser Termin überschritten", „Ich bitte Sie, mir das Memo bis heute Nachmittag um 15.00 Uhr abzuliefern ..."

Zuerst beobachten wir genau, was in unserer Konfliktsituation passiert: Was hören wir den anderen sagen, was sehen wir unseren Gesprächspartner tun? Die Kunst besteht darin, dem anderen unsere Beobachtung ohne eigene Beurteilung mitzuteilen, das heißt einfach zu sagen, was wir sehen und damit sicherzustellen, ob wir unser Gegenüber richtig verstanden haben. Also statt: „Herr Vertriebsleiter, Sie tun ja immer so, als ob Sie von nichts wüssten!" etwa: „Wenn ich die Sache richtig sehe, haben Sie den vorliegenden Vertrag abgezeichnet. Ich werde Ihnen gern noch einmal ein Exemplar zuleiten, damit Sie die Einzelheiten für unsere Diskussion präsent haben."

Darüber hinaus schaffen wir es mit der Umgestaltung unserer Sprache aus gewohnheitsmäßigen automatischen Reaktionen bewusste Antworten entstehen zu lassen, die aus dem Bewusstsein für unsere Bedürfnisse resultieren. Das heißt, wir können über das sprechen, was wir tatsächlich brauchen, statt Verhaltensweisen – unsere eigenen oder die der anderen – zu diagnostizieren und zu analysieren. Mit dieser Methode gelingt es uns, Widerstand und Abwehrreaktionen auf ein Minimum zu reduzieren.

Wir gestalten unsere Sprache so, dass sie andere Menschen nicht angreift. Wir betrachten unsere eigene Sprache sicher nicht als gewalttätig, aber wir alle wissen, wie sehr Worte uns und andere verletzen können. Durch eine Sprache, die an dieser Stelle „gewaltfrei" (Rosenberg 2001) ist, werden wir angeregt, uns ehrlich und klar auszudrücken.

10.7 Die Strategie: Drei Schritte zur Konfliktlösung anwenden: Bewerten – Bearbeiten – Bewältigen

Je genauer ich in meinem aktuellen Konflikt weiß, worum es „eigentlich" geht, umso besser kann ich ihn lösen. Ein Stoppschild an dieser Stelle: Meist sind wir in Konflikten viel zu schnell. Wir reagieren prompt auf die Situation, anstatt sie angemessen zu reflektieren und erst einmal unsere eigene Strategie zu entwickeln und anzuwenden.

Bewerten – aus der Vogelperspektive

Hierzu ist es wichtig, den Konflikt zunächst einmal „von oben" zu betrachten sowie Daten und Fakten zu entwirren, um eine Übersicht zu gewinnen. Das ist für uns oft schon ein schwieriger Schritt, weil wir durch unsere Gefühle meist in unsere Kontroverse tief verstrickt sind. Es geht jedoch darum, persönliche Wünsche von den Zielen des Sach-Themas zu trennen. Für unser Beispiel bedeutet dass, Herr Heinrich muss seine Absicht, die Kommunikation mit Herrn Peter grundsätzlich zu vermeiden, trennen von seinem Ziel als Projektmanager. Als Leiter muss er hier nicht nur die Beteiligten informieren, sondern darüber hinaus zur Zusammenarbeit am Projekt selbst motivieren.

Dabei helfen ihm folgende Fragen:

- Was ist das Thema meines Konflikts in einem Satz?
- Welche Auswirkungen hat es für das Projekt/das Unternehmen, wenn der Konflikt nicht gelöst wird?
- Was bedeutet es für mich persönlich, wenn es keine Lösung gibt?
- Wie sähe die ideale Konfliktlösung aus?
- Wo liegen Hindernisse? Wer kann zur Lösung des Konflikts beitragen?
- Was bin ich bereit, persönlich dafür zu tun?

Eine Schwierigkeit muss Herr Heinrich dabei überwinden, nämlich den nicht thematisierten Konflikt von Frau Klaus. Bei der Analyse der Hindernisse kann er hier erforschen, dass auf der inhaltlichen und menschlichen Ebene Konfliktpotential besteht: Dem Thema „Kunden-Hotline" nach gehört das Projekt formell in den Zuständigkeitsbereich von Frau Klaus. Die Tatsache, dass ihr die Leitung dafür nicht übertragen wurde, muss bei Frau Klaus Irritationen ausgelöst haben. Dieses Thema kann – wenn überhaupt – nur in einem bilateralen Gespräch zwischen Herrn Heinrich und Frau Klaus angesprochen werden.

Im Falle von Herrn Heinrich ist das Thema des Konflikts sicher „Budgetplanung für das Projekt ‚Neue Software'". Wird das Problem nicht gelöst, das heißt, wird die Budgetverantwortung nicht bald festgelegt, ist das Scheitern des Projekts absehbar. Wenn es hier keine Lösung gibt, bedeutet das für Herrn Heinrich, dass er als Projektleiter unglaubwürdig wird – gegenüber der Geschäftsleitung und vor seinen Kollegen. Die ideale Konfliktlösung lässt sich anhand des Beispiels nicht ganz eindeutig bestimmen – möglicherweise ist die Bildung eines Projektbudgets aus den Einzelbudgets der beteiligten Abteilungen sinnvoll, mit einem einzigen Budgetverantwortlichen. Was ist Herr Heinrich bereit, konkret zu tun? Er hat mehrere Möglichkeiten: einen Budgetvorschlag seinerseits zunächst mit der Geschäftsleitung zu klären – also die Hierarchie seines Unternehmens zu nutzen – oder ihn zuerst mit seinen Projektkollegen zu besprechen. Wenn Herr Heinrich die Zustimmung seiner Projektkollegen zu einem Vorschlag bekommt, wird er damit die Situation entschärfen, also seine Gesprächspartner zu Verbündeten machen. In jedem Fall ist es hier sinnvoll, den schon seit Jahren bestehenden Konflikt mit Herrn Peter bilateral zu thematisieren. Unklar bleibt, was diesem Konflikt genau zugrunde liegt, dennoch sollten beide Konfliktparteien thematisieren, dass es hier darum geht, private Streitereien aus dem beruflichen Kontext herauszuhalten und die Konflikte – wenn sie denn nicht gelöst werden können – zu trennen.

Bearbeiten – sachlich, emotional, sozial

Hier geht es darum, Unterschiede anzuerkennen, mit Gefühlen umzugehen und eventuelle Ungleichgewichte in einer Gruppe zu managen.

Klarheit auf der sachlichen Ebene des Konflikts wird auch seine Historie bringen: Wie kam es dazu? Dann eine gedankliche „Aufstellung" der handelnden Personen: Wer hat sich in welcher Weise verhalten? An welchem Punkt ist der Konflikt eskaliert? Wie habe ich reagiert? Wer waren meine Verbündeten? Meine Gegner?

Dabei sind folgende Fragen hilfreich: Welche Argumente sprechen für meine Lösung, welche dagegen? Was will ich persönlich? Was habe ich von der Lösung? Wer wird dafür sein, wer dagegen?

Wenn sich Herr Heinrich für die Lösung entscheidet, für die Budgetzuordnung seines Projekts einen Konsens mit seinen Kollegen zu finden, wird er damit sowohl das Projekt seiner Realisierung näher bringen als auch seine Rolle als Projektleiter festigen. Es gibt Herrn Heinrich die Möglichkeit, seine Verbündeten klar zu identifizieren und auch die Gegner zu kennen. Möglicherweise wollen seine Kollegen das Projekt nicht finanzieren, weil sie Schwachstellen sehen, die noch nicht offen angesprochen wurden. Dies nachzuholen, kann Herrn Heinrich für den Erfolg des Projekts und seiner eigenen Leistung als Projektleiter nur Vorteile bringen.

Auf der emotionalen Ebene muss ich zunächst für mich selbst klären, was meine eigenen Interessen sind – möglicherweise andere als die meiner Konfliktpartner. Auch die Frage: „Was trage ich unter Umständen dazu bei, dass das Problem aufrechterhalten wird?" kann an dieser Stelle zur Klärung des Konflikts beitragen.

Für die Erforschung und Lösung des Konflikts auf der sozialen Ebene hilft es, sich die Strukturen der Konfliktpartner und ihre damit verbundenen unterschiedlichen Interessen vor Augen zu führen. Ein Vertriebsleiter wird anders argumentieren als ein Techniker.

Der Leiter eines Projekts hat andere Interessen als ein beteiligter Kollege, für den das Projekt weniger „bringt". An dieser Stelle sind wir ebenfalls gefordert, mit den unter Umständen bereits vorhandenen Emotionen unserer Konfliktparteien umzugehen – eine Herausforderung, wenn es darum geht, das konkrete Gespräch über den Konflikt vorzubereiten.

Bewältigen – das Konfliktgespräch vorbereiten

Dazu müssen wir vor allem die Macht der positiven Sprache kennen und uns ihrer bedienen. Das ist leichter gesagt als getan. Wir alle vermeiden es gern, mit den Emotionen unserer Gesprächspartner umzugehen, tragen damit aber eher dazu bei, das Problem aufrechtzuerhalten als es zu lösen. Wir benutzen Sprache, die abwehrt: „Ich habe jetzt keine Zeit" zum Beispiel führt nirgendwohin, „Ich bin jetzt beschäftigt und möchte Sie gern heute gegen 17.00 Uhr zurückrufen" schafft die erwünschte echte Verbindung zwischen den Gesprächspartnern. „Ich hasse diese Art von Meetings" ist ebenso destruktiv. „Ich schlage vor, unsere Sitzungen zu optimieren und vorab eine Tagesordnung zu erstellen" bringt sofort den konkreten Verbesserungsvorschlag. Also: keinen sprachlichen „Schutt" abwerfen, sondern Bausteine für die Lösung bieten.

Entscheidend ist dabei, dass wir – was gerade bei emotional aufgeladenen Konflikten häufig vorkommt – nicht in die Falle tappen, unseren Gegner zu beschuldigen: „Sie haben doch gesagt, dass ..." Durch „Sie"- oder „Du"-Aussagen fühlen wir uns in die Enge getrieben und beschuldigt im wahrsten Sinne des Wortes. Jemand lädt uns die Schuld für den Konflikt auf. Im Gegensatz dazu können wir mit „Ich"-Aussagen zum aktuellen Thema Stellung nehmen, ohne gleich zum Angriff überzugehen: „Ich habe Sie so verstanden, dass ... Was schlagen Sie vor?" Mit dieser Vorgehensweise stellen Sie in Ihrem Konflikt die gleiche Augenhöhe zwischen den Konfliktparteien her und teilen darüber hinaus die Verantwortung zur Lösung.

In jedem konfliktträchtigen Gespräch, das wir führen, geht es darum, dass wir uns klar ausdrücken: unsere Sichtweise der Sachlage, unsere Gefühle, Bedürfnisse und Wünsche. Besonders wichtig ist dabei, dass wir unsere eigenen Annahmen über das Thema nicht mit Analysen über die andere Seite vermischen, ferner, dass wir in Kontakt mit unseren Gefühlen bleiben – und damit offen werden für die Gefühle unseres Gesprächspartners. Wir müssen unsere eigenen Bedürfnisse im Konflikt kennen, die unserer Konfliktpartner ermitteln und Bitten klar äußern.

10.8 Übung

Vorbereitung eines Konfliktgesprächs:

Bitte nutzen Sie die folgende Struktur mit den Formulierungshilfen für die Vorbereitung Ihres nächsten Konfliktgesprächs.

1. Die Sachlage klären:

- Wenn ich Sie richtig verstehe, ...
- Ich gehe davon aus, dass wir das folgende gemeinsame Ziel verfolgen ...
- Ich gehe von der Annahme aus, dass ...
- Für mich stellt sich die Situation folgendermaßen dar: ...
- Hier noch einmal die Sachlage, wie ich sie sehe: ...

2. Eigene Gefühle ausdrücken:

- Das macht mich ... ärgerlich, misstrauisch, unruhig, zögerlich ..., weil ich ...
- Ich fühle mich (mit dieser Lösung) ... unbehaglich, unwohl, frustriert ..., weil ich ...
- Ich bin ... beunruhigt, empört, geladen, irritiert, sauer, schockiert, skeptisch, unzufrieden, verärgert, richtig wütend ..., weil ich ...

3. Meine Bedürfnisse ausdrücken:

- Weil es mein Wunsch/Ziel ist, ...
- Ich möchte den Auftrag bis ... erledigen
- Ich brauche dringend die Informationen x.y.z, damit ich den Auftrag termingerecht erledigen kann

4. Um meine Ziele bitten:

- Ich bitte Sie, ... mir die folgenden Informationen zur Verfügung zu stellen ...

Zur persönlichen Auswertung der Übung:

Im beruflichen Kontext fällt es uns oft besonders schwer, uns auszudrücken, dabei stehen uns so viele Möglichkeiten zur Verfügung: Worte, Gesten, Gefühle, Verhalten – sogar, wie wir aussehen und was wir tragen. Bekommen Sie mit Ihrem Kommunikationsstil die Reaktionen, die Sie sich wünschen? Die Beantwortung der folgenden Fragen kann Sie hierbei unterstützen.

- Sagen Sie, was Sie denken, oder verstecken Sie sich oft hinter Zynismus oder witzigen Sprüchen? Wie können Sie sich in Gesprächen klarer ausdrücken?

- Ergreifen Sie im Büro das Wort? Sprechen Sie manchmal in der Öffentlichkeit? Welche Fähigkeiten wollen Sie entwickeln, um das regelmäßig zu tun?

- Schreiben Sie lieber, als dass Sie sprechen? Wie können Sie Ihre Fähigkeiten nutzen, um im beruflichen Kontext Öffentlichkeit herzustellen?

- Können Sie Körpersprache und Gesichtsausdruck Ihrer Gesprächspartner deuten? Können andere das bei Ihnen auch, oder werden Sie missverstanden? In welchem Bereich können Sie Ihre Fähigkeiten verbessern und wie?

11. Toot your own horn!

Wie Sie persönlich überzeugen und damit Konflikte vermeiden

11.1 Einführung

Als Manager knüpfen wir täglich neue Kontakte, vereinbaren Termine und pflegen bestehende Beziehungen. Wir werden in Gremien gewählt, übernehmen den Vorsitz in Organisationen oder politische Ämter. Nirgendwo sonst zählt unsere persönliche Überzeugungskraft so sehr wie in diesem Kontext. Umso mehr, als wir einer amerikanischen Studie zufolge zu 38 Prozent durch Tonfall und Sprechweise wirken, zu 55 Prozent durch unser Auftreten und Erscheinungsbild und lediglich zu 7 Prozent durch unsere Worte.

Wir sehen an dieser Statistik, welchen Stellenwert wir selbst für die effektive Kommunikation – und die Vermeidung von Konflikten – haben. Nur wenn wir hier den Einklang herstellen zwischen Aussage und der Art und Weise ihrer Präsentation, stellen wir unsere Inhalte überzeugend dar, wird uns die wirkungsvolle und konfliktfreie Verständigung gelingen.

11.2 Ein Beispiel

Günther Martensen ist in einer oberen Bundesbehörde zum Vorstellungsgespräch eingeladen. Er ist Diplom-Volkswirt und hat sich auf die Stelle des Leiters der Abteilung Controlling beworben. Herr Martensen hat noch nicht im öffentlichen Dienst gearbeitet, sondern war bisher als Gruppenleiter in mittelständischen Unternehmen tätig. In seiner letzten Funktion war er allerdings an der Privatisierung eines öffentlichen Betriebes beteiligt, so dass ihm die Haushaltsführung der öffentlichen Hand vertraut ist.

Am Tag des Interviews trägt Herr Martensen für sein Gespräch seinen besten dunklen Anzug. Er wird von der Sekretärin des Staatssekretärs empfangen und in einen großen Konferenzraum geführt. Herr Martensen ist verblüfft, als nacheinander sechs Personen den Raum betreten: der Amtsinhaber, der bald ausscheiden wird, sein potentieller künftiger Chef, der Personalratsvorsitzende, die Gleichstellungsbeauftragte der Behörde und zuletzt der Staatssekretär mit seinem Referenten. Herr Martensen hat ein Gespräch in kleinem Rahmen erwartet. Der Staatssekretär eröffnet die Diskussion und stellt die Anwesenden vor, wobei Herrn Martensen vor lauter Aufregung die Namen sofort wieder entfallen. Danach gibt Herr Martensens künftiger Chef eine Einführung in die Arbeit der Behörde. Im Anschluss bittet der Staatssekretär Herrn Martensen um eine kurze Präsentation seines Lebenslaufes.

Herr Martensen ist inzwischen von der Situation etwas eingeschüchtert und umklammert krampfhaft sein Handgelenk. Er beginnt die Präsentation mit dem Tag seiner Geburt und erklärt, dass seine Familie ursprünglich aus Schlesien stammt, und er erläutert, wie er als Kind nach Deutschland gekommen ist. Er berichtet gerade über seine Studienzeit, als der Staatssekretär das erste Mal auf die Uhr schaut. Herr Martensen wird nervös und fängt an, übergangslos von seinem ersten Job nach seinem Examen zu erzählen. Ausführlich stellt er die Inhalte seiner damaligen Arbeit mit zahlreichen Daten und Fakten vor. Inzwischen unterhalten sich der Personalratsvorsitzende und die Gleichstellungsbeauftragte leise miteinander. Herr Martensen ist so nervös, dass er meist auf den Tisch vor sich blickt. Der Staatssekretär schaut erneut auf die Uhr und erklärt, noch zehn Minuten Zeit bis zu seinem nächsten Termin zu haben. Herr Martensen umkrallt seine Stuhllehnen und wird immer nervöser, schildert jedoch weiterhin detailliert die Abläufe bei seinen ehemaligen Arbeitgebern mit vielen wirtschaftswissenschaftlichen Details. Nach zehn Minuten unterbricht ihn der Staatssekretär und verabschiedet sich. Danach wollen auch die anderen Teilnehmer das Gespräch mit Herrn Martensen beenden. Er wird von seinem potentiellen künftigen Chef ohne weiteren Kommentar verabschiedet ...

11.3 Das Thema: Eigene Ressourcen mobilisieren und kommunizieren

Wir alle kommunizieren ständig – unsere Person und unsere Inhalte. Manchmal entdecken wir nach kürzester Zeit Gemeinsamkeiten mit unseren Gesprächspartnern, in anderen Fällen stoßen wir auf unterschiedliche Positionen und wissen nicht so recht, wie wir sie aufbrechen sollen. Grundsätzlich gilt: Je besser wir unseren eigenen Standpunkt kennen, umso erfolgreicher werden unsere Gespräche sein. Dazu ist eine gute Vorbereitung erforderlich und vor allem die Beantwortung der Frage vor unserem Gespräch: Was will ich eigentlich kommunizieren? Das klingt banal, ist es aber nicht.

So sehr wir uns wünschen, dass unsere Gesprächspartner unsere Talente sehen und uns dafür anerkennen, so häufig ergibt sich jedoch der Fall, dass wir in einer bestimmten Situation das Richtige tun müssen, um gesehen und gehört zu werden: Wir müssen „in unser eigenes Horn stoßen", das heißt unsere Persönlichkeit und unsere Stärken so kommunizieren, dass sie auf der anderen Seite verstanden werden. „You never get a second chance for a first impression", das heißt: Der erste Eindruck prägt und der letzte bleibt. Wir müssen also überlegen, was uns einmalig macht. Was sind unsere besonderen Eigenschaften, was ist unsere inhaltliche Botschaft? Welchen Nutzen bieten wir unserem Gesprächspartner? Welches Image wollen wir kommunizieren? Optimistisch, kompetent und zuverlässig? Dafür spricht einiges, denn so ergab zum Beispiel eine Analyse von Wahlreden amerikanischer Präsidentschaftskandidaten, dass bisher jeweils der optimistischere Kandidat das Rennen gewann.

In unserem Beispiel sind mehrere Faktoren für den unbefriedigenden Ausgang des Gesprächs entscheidend. Natürlich hat Herr Martensen keinen Einfluss auf die Zeitplanung des Staatssekretärs, aber die Klärung von Fakten vorab bereitet uns auf solche Situationen vor. Wenn wir in gute organisatorische Vorarbeit investieren, bleiben uns Überraschungen auf dieser Ebene erspart. Ein wichtiger Punkt für unsere konfliktfreie Präsentation, denn es sind gerade solche Überraschungen, die uns gleich zu Anfang eines Gesprächs aus dem Konzept bringen und Unsicherheit hervorrufen. Hier hätte Herr Martensen mit einem Telefonat ins Sekretariat des Staatssekretärs schnell vorab klären können, wie viel Zeit für das Gespräch eingeplant ist und wer genau an dem Interview teilnimmt. Was seine persönliche Präsentation betrifft, so hätte ihm bereits diese Vorbereitung geholfen, einige Selbstblockaden wie das Umklammern des Handgelenks oder starres Festhalten der Armlehnen zu lösen.

Auch für die Inhalte seiner Präsentation hätte Herr Martensen offenbar mehr Vorbereitung benötigt: Entscheidend für eine erfolgreiche Präsentation sind ein starker Einstieg, ein strukturierter Verlauf und ein überzeugender Abschluss.

11.4 Zum Hintergrund: Sich selbst und andere verstehen und damit Missverständnisse vermeiden

Für die konfliktfreie Präsentation unserer Person und unserer Inhalte ist es wichtig, sich selbst und andere gut zu verstehen. Verstehen ist ein schwieriger Prozess, denn wir machen uns von der ersten Information an, die wir in einem Gespräch erhalten, Vorstellungen darüber, was gemeint sein könnte. Diese Annahmen gehen fast ausnahmslos über das hinaus, was tatsächlich gesagt wurde. Mit unseren Erklärungsversuchen greifen wir jedoch immer auf die Basis unserer eigenen Erfahrungen zurück. Wenn unser Gesprächspartner das Thema wechselt oder den Kontext ändert, heißt das, wir nehmen diese Informationen unter Umständen nicht mehr in vollem Umfang auf, weil unser Gehirn als „Arbeitsspeicher" bereits in eine andere Richtung programmiert ist. Verstehen heißt also nicht nur Hören, sondern definiert sich als aktiver Prozess, den wir steuern können – und müssen, wenn wir Konflikte vermeiden wollen. Er verläuft umso besser für uns als Sender von

Informationen, je klarer wir kommunizieren und je besser wir uns auf unsere Zuhörer einstellen und deren Interessen berücksichtigen.

Was heißt das für uns selbst in einer Situation, in der wir uns und unsere Inhalte präsentieren müssen? Zunächst erleben wir hier oft innere Konflikte, die sich in starken Gefühlen wie Angst vor der Situation oder Unsicherheit im Umgang mit unseren Gesprächspartnern zeigen. Diese Gefühle sind manchmal berechtigt, oft aber überzogen. Die Zuhörer sind uns meist viel wohlwollender gesonnen, als wir denken und angenommen haben. Auftretende Ängste sind Reste unserer archaischen Überlebensinstinkte: Wir sehen uns in einer feindlichen Umgebung und wollen entweder fliehen oder angreifen. Es kommt hier darauf an, die auftretenden Blockaden abzubauen, um wieder rational angemessen reagieren zu können.

Was heißt das für unsere Vorbereitung? Grundvoraussetzung dafür, dass wir positiv auf andere Menschen wirken, ist unsere innere Einstellung. Wenn wir uns vor unserer Präsentation in Bestlaune bringen, denken wir an etwas Gutes, und so reden wir dann auch. Statistisch gesehen zählt für unser Gegenüber bis zu drei Viertel die Art und Weise, wie wir sprechen und nur bis zu einem Viertel das, was wir inhaltlich sagen. Eine gute organisatorische Vorbereitung hilft uns, den Kopf für unsere Inhalte frei zu haben. Im Gespräch müssen wir zunächst Glaubwürdigkeit und Vertrauen vermitteln, also auf der emotionalen Ebene kommunizieren. Hier erhöhen wir das gegenseitige Vertrauen zusätzlich, wenn wir unsere Gesprächspartner mit ihrem Namen ansprechen – und auch nachfragen, wenn wir diesen nicht sofort richtig verstanden haben. Eine große Macht hat das Wort „Danke" gleich zu Beginn des Gesprächs, zum Beispiel können wir uns für die Einladung zum Termin bedanken. Richtiges und aktives Zuhören hat ebenfalls den Vorteil, Wertschätzung für unser Gegenüber auszudrücken (siehe Kapitel 9: Einbahnstraße oder Zwei-Wege-Kommunikation? Wie Sie richtig zuhören und damit Konflikte vermeiden).

11.5 Das Ziel: Den eigenen Mehrwert kommunizieren – Konflikte vermeiden

Was ist also das Ziel einer konfliktfreien Präsentation? Gute Vorbereitung, organisatorisch wie kommunikativ sowie eine gute Struktur unserer Inhalte. Was hätte Herr Martensen tun können? Nach den organisatorischen Vorbereitungsmaßnahmen gilt es in der Bewerbungssituation, die Eckdaten aus dem Lebenslauf in eine echte Präsentation zu verwandeln. Sinnvoll ist es hier, zunächst zu sagen, was wir sagen wollen, also einen kurzen Überblick über unsere Inhalte zu geben, etwa: „Ich möchte etwas zu meiner Person und meinen wichtigsten Karrierestationen sagen und werde dann gern Ihre Fragen beantworten." Nach kurzen Angaben zur eigenen Person, die kontextabhängig sind, werden wir im Vorstellungsgespräch mit der gegenwärtigen Tätigkeit beginnen sowie damit, warum wir uns aus der derzeitigen Position heraus verändern wollen. Dann können wir die drei wichtigsten Stationen unserer Karriere mit wenigen Unterpunkten präsentieren. Sinnvoll ist hier die Einteilung in „Welche Ziele hat mein Arbeitgeber vorgegeben?", „Welchen Nutzen hatte meine Arbeit für die Firma? Welche persönlichen Erfolge habe ich erzielt?", „Welche Strategie habe ich verfolgt?", „Welche Maßnahmen wurden realisiert?"

LEITSÄTZE

- Die beste, noch so kurze Präsentation, ist eine gut vorbereitete.
- Können Sie Ihr Anliegen in einem einzigen Satz formulieren?
- Was ist die wichtigste Botschaft, die Ihre Verhandlungspartner mitnehmen sollen?
- Wovor haben Sie Lampenfieber und wie werden Sie das abbauen?
- Beobachten Sie Ihre eigene Sprache. Was sind Ihre persönlichen Rabattmarken? Wie können Sie Ihren eigenen Wert erhöhen?

  Investieren Sie in Ihre zielgruppengerechte Präsentation:
- Kennen Sie die Interessen Ihrer Gesprächspartner? Welchen Nutzen bieten Sie im Gespräch?

11.6 Der Nutzen: Glaubwürdigkeit, Vertrauen und Verstehen erhöhen unseren Marktwert

Was nützt uns das? Wir wirken positiv und kompetent, und wir nutzen unsere effektive Vorbereitung, um im Gespräch mehr Raum für unvorhergesehene Ereignisse – oder auftretenden Widerstände – zu haben. So können wir gut vorbereitet zum Beispiel nach Zwischenfragen zu unserer eigenen Struktur zurückkehren, ohne den Faden zu verlieren. Mit der Betonung unserer guten kommunikativen Fähigkeiten, wie zu danken und Fragen zu stellen, signalisieren wir Wertschätzung für unsere Gesprächspartner und stellen bewusst die gleiche Augenhöhe her. Das ist auch für uns selbst wichtig, damit wir uns nicht bei Bewerbungsgesprächen in der Rolle des Bittstellers fühlen müssen. Die gute Strukturierung unseres Themas unterstützt die Wahrnehmung unserer Kompetenz als Führungskraft. Positive Sprache macht uns sympathisch für unsere Gesprächspartner.

Was erreichen wir, wenn wir diese Fähigkeiten ausbauen? Ganz sicher mehr Einfluss auf konkrete Situationen und mehr Anerkennung für uns selbst und unsere Inhalte. Warum also darauf warten, dass andere uns in den Vordergrund stellen? Ergreifen wir selbst die Initiative. Natürlich liegen hier Fallstricke: Wo ist zum Beispiel die Grenze zwischen guter und angemessener Selbstpräsentation und arrogantem Auftreten? Oft haben wir gerade bei der Präsentation vor Gruppen, in denen wir einige Mitglieder vielleicht persönlich kennen, Angst, arrogant zu wirken, uns besser zu machen als die anderen. Die Angst ist fast immer unbegründet: Menschen, die uns Wohlwollen entgegenbringen, werden uns unterstützen, wenn wir uns positiv darstellen. Diejenigen, die uns nicht aufgeschlossen gegenüberstehen, wollen in der Regel, dass wir „klein" sind wie sie oder „kleiner". Das ist aber deren Problem – diese Kollegen messen uns an sich selbst. Wir haben keinen Grund, sie zum Maßstab für unsere eigene Bedeutung zu nehmen. Für uns ist in erster Linie unsere eigene Messlatte entscheidend.

11.7 Die Strategie: Die persönliche Präsentation verbessern und Konflikte erfolgreich vermeiden

In jeder Situation, in der wir überzeugen müssen, geht es zunächst einmal darum, die richtige Botschaft zu übermitteln. Diese Botschaft müssen wir finden und formulieren – über die eigene Person wie auch über unsere Inhalte. Für uns selbst müssen wir eine „Marke formen", also im Sinne des klassischen Marketing unser USP (Unique Selling Proposition), das Alleinstellungsmerkmal finden: Sind wir der Analytiker, der Macher oder der Verkäufer? Menschen denken in Kategorien, und je klarer wir an diesem Punkt sind, desto eher werden wir überzeugen. Es bringt uns unserem Ziel im Gespräch nicht weiter, wenn uns unsere Gesprächspartner etwa die Marke „der Unsichere" anheften. Auch im Hinblick auf unsere Inhalte zählt die Botschaft. Können wir das, was wir sagen wollen, tatsächlich in einem Satz zusammenfassen? Was sollen unsere Zuhörer aus dem Gespräch mitnehmen? Und was haben sie konkret von unseren Informationen? In unserem Beispiel nehmen die Gesprächspartner von Herrn Martensen sicher viele Details mit, nicht jedoch eine konkrete Botschaft. Der abrupte Abbruch der Diskussion spricht dafür.

Mit guter Vorbereitung Widerstände vermeiden

Was hilft? Wenn wir, was wir sagen wollen – zum Beispiel uns in einer großen Runde vorstellen – in unterschiedlich langen Versionen vorbereiten: in zehn Sätzen oder in fünf Sätzen. In fünf Sätzen müssen wir andere Prioritäten setzen als in zehn. Bei der kürzeren Fassung haben wir keine andere Wahl, als die „harten" Fakten zu vermitteln: für einen offiziellen Anlass die beste Möglichkeit. Also statt: „Ich bin 45 Jahre alt, verheiratet und habe zwei Kinder" besser gleich zur Sache: Was qualifiziert uns für den aktuellen Gesprächskreis oder die angestrebte Position? Damit gewinnen wir das Vertrauen unserer Gesprächspartner. Überzeugend wirkt, wenn wir mit unserer Darstellung im Hier und Jetzt beginnen. Die aktuelle Situation ist für unsere Zuhörer immer die interessanteste, auch – oder gerade – in Bewerbungsgesprächen.

Bei einer längeren Version unserer Präsentation übermitteln wir ein „runderes" Bild von uns selbst. Das ist grundsätzlich etwas Positives, aber gerade in Vorstellungsrunden – wie auch in Bewerbungsgesprächen – ist zunächst gefordert, dass wir uns Respekt verschaffen, durch unsere Funktion im Unternehmen oder mit dem, was wir können. Was wir sind, also was unsere Persönlichkeit ausmacht, können wir zu einem späteren Zeitpunkt nachliefern. Wir befinden uns hier in einem beruflichen „Schönheitswettbewerb", den es zu gewinnen gilt. Dafür müssen wir unsere besten Fähigkeiten auf die Bühne bringen.

Die Präsentation der Fakten sollte zeigen, dass wir etwas Wichtiges zu bieten haben, mit dem Ziel, zunächst drei bis vier wesentliche Fakten in den Köpfen unserer Zuhörer zu verankern. Diese Themen können wir dann leicht nacheinander aufgreifen, also immer zuerst das Thema nennen, dann die Details. Das hilft uns selbst, den roten Faden im Kopf zu behalten. Nach der Detaillierung jedes Themas ist eine kurze Pause empfehlenswert, damit wir uns vergewissern, ob es Fragen aus dem Kreis der Zuhörer gibt. Je interaktiver wir präsentieren, umso mehr werden wir im Gedächtnis bleiben. Dabei gehören wichtige Fakten an den Satzanfang, weil dort die größte Aufmerksamkeit liegt. Ebenso wichtig ist die Macht der positiven Formulierung, also sollten wir uns bemühen, in der Ich-Form zu sprechen, gerade wenn wir als Führungskräfte unsere Gesprächspartner davon überzeugen wollen, dass wir die Verantwortung tragen werden.

Durch Sprache überzeugen

Mit einer gut strukturierten Präsentation werden wir automatisch sicherer in der Sprache und lösen weniger Widerstände bei unseren Gesprächspartnern aus. Gerade wenn wir unsere Person oder unsere Inhalte einer Gruppe das erste Mal präsentieren – wie hier Herr Martensen in seinem Vorstellungsgespräch – hilft es uns und den Zuhörern, zunächst eine Zusammenfassung zu bieten. Damit bereiten wir unsere Gesprächspartner effektiv auf das vor, was kommt, und entlasten sie an dieser Stelle: Wir stellen uns alle gern auf Situationen vorher ein. Also im Fall von Herrn Martensen zum Beispiel: „Ich möchte Ihnen gern etwas zu meiner Person sagen, auf die drei wichtigsten Stationen meines Berufslebens eingehen und dazu Stellung nehmen, warum ich meine, für die angebotene Position der Richtige zu sein." Da er zu ranghöheren Personen spricht – hier ist der Staatssekretär anwesend – ist es sinnvoll, das Einverständnis für diese Präsentationsweise abzufragen: „... wenn Sie einverstanden sind." Mit dieser Strategie erzeugen wir eine gleiche Augenhöhe der Gesprächspartner und können uns ihrer Zustimmung versichern – und damit Widerstände oder Zwischenfragen weitgehend vermeiden.

Das „Wie" der Wortwahl wird weithin unterschätzt. Hier ist es wichtig, sich von Zeit zu Zeit selbst auf Band aufzunehmen und zu hören, ob wir zu selbstabwertenden Äußerungen neigen – eigenen „Rabattmarken". Vorsicht also vor Formulierungen, die uns selbst herunterstufen oder entwerten, wie: „Möglicherweise erinnern Sie sich nicht mehr an mich", „Na ja, ich habe in meiner damaligen Funktion eigentlich nur dem Vertriebsleiter zugearbeitet", „Ich habe in dem Bereich X noch keine Erfahrung, aber ich werde es versuchen ...". Wir machen uns manchmal mit solchen Bemerkungen kleiner, einmal vielleicht, um zu vermeiden, dass wir als angeberisch gelten, zum anderen, um das Risiko zu minimieren, von der anderen Seite nicht akzeptiert zu werden. Diese Strategie kann allerdings leicht nach hinten losgehen, wenn unsere Gesprächspartner unsere Aussagen für bare Münze nehmen oder die Tatsache, dass wir uns selbst missbilligen, ärgerlich und unaufrichtig finden.

Besser und kompetenter kommen wir an, wenn wir uns ein ordentliches Preisschild umhängen und – gerade in Bewerbungssituationen – den Mehrwert unserer Fähigkeiten für unser Gegenüber erläutern können. Wir selbst zahlen auch lieber mehr für etwas, das gut aussieht. Das beginnt beim Erscheinungsbild, mit dem wir unserem Gegenüber Wertschätzung ausdrücken können oder auch nicht. Wenn wir gut mit uns selbst umgehen, trauen uns unsere Gesprächspartner zu, dass wir gut und angemessen mit ihnen umgehen. Das heißt, wir müssen nicht nur unsere Fähigkeiten ordentlich verpacken – in angemessene Sprache – , sondern auch den Inhalt optimieren. Menschen sind auch eher bereit, einen höheren Preis zu zahlen, wenn das Produkt optimal auf ihre Bedürfnisse zugeschnitten ist.

Die persönlichen Werkzeuge nutzen:
Kopf und Stimme

Was kann Herr Martensen tun, um in der konkreten Situation seine Ängste abzubauen? Wir erfahren, dass er von der Situation eingeschüchtert ist. In Situationen, die uns „vor Schreck erstarren" lassen, ist es wichtig, sofort die körperlichen Blockaden aufzulösen, durch bewusstes Atmen oder eine bewusste Bewegung, die den Körper entspannt. Lampenfieber ist immer auch ein Fluchtversuch, und Bewegung hilft, den Impuls in den Griff zu bekommen. Damit verändern wir unsere Einstellung und wirken entspannt – eine gute Voraussetzung für ein konfliktfreies Gespräch.

Die emotionale Gesprächsebene berücksichtigen und Konflikte vermeiden

In unserem Beispiel erfahren wir, dass Herr Martensen nicht nur verblüfft ist, wen er bei seinem Vorstellungsgespräch antrifft, sondern dass ihm auch die Namen seiner Gesprächspartner vor Aufregung sofort wieder entfallen. Diese emotionale Ebene der Gesprächsführung dürfen wir nicht unterschätzen, wenn wir Widerstände vermeiden wollen. Auch unser Gegenüber – hier die Gastgeber des Gesprächs – brauchen Anerkennung, wenn das Gespräch erfolgreich und konfliktfrei verlaufen soll. Es ist unsere Aufgabe, ihnen diese Wertschätzung zu geben. Oberste Regel ist dabei die Beantwortung der Frage vor unserem Gespräch: Mit wem spreche ich? Was sind die Interessen meiner Gesprächspartner? Welchen Nutzen biete ich ihnen? Beim Merken der Namen hilft die Übergabe und Annahme von Visitenkarten, die wir vor uns ausbreiten können, um gerade mehrere Gesprächspartner richtig zu adressieren.

Genauso wichtig wie die Vorbereitung unserer Präsentation ist die Kenntnis über den Ablauf. Alle Gruppengespräche, die wir täglich führen, verlaufen in Phasen, die wir oft unbewusst nutzen. In der Regel werden wir, besonders wenn wir unsere Gesprächspartner noch nicht kennen, erst einmal miteinander „warm", wir begrüßen uns und klären

Verfahrensweisen für unser Gespräch. Die Verfahrensweisen werden manchmal übersprungen, aber wir sind alle entlastet, wenn wir wissen, wer die Gesprächsleitung übernimmt, wer – nach einer Vorstellungsrunde – am Tisch welche Entscheidungsvollmachten hat und wie der Ablauf genau sein wird, möglichst auch, wie lange unsere Gespräche dauern werden.

In der Sache kompetent:
Gegen Widerstände gefeit

Wichtig für jede Präsentation unserer Person und/oder unserer inhaltlichen Aussagen ist es, dass wir nicht nur unsere eigene Sicht der Dinge schlüssig darlegen können, sondern auch darauf vorbereitet sind, mögliche Gegenargumente zu entkräften. Das ist schwieriger, wenn die Widerstände nicht offen ausgesprochen werden, sondern in den Verhaltensweisen unserer Gesprächspartner zutage treten. Wenn jemand auf die Uhr sieht, während wir sprechen, muss das nichts mit unserem Vortrag zu tun haben – möglicherweise ist unser Gesprächspartner einfach unter persönlichem Zeitdruck – aber es kann auch seine Ungeduld dokumentieren: Möglicherweise wartet er zu lange auf die Information, die er gerade benötigt. Hier ist es sinnvoll, sofort im Gespräch zu klären, ob es sich um einen Widerstand handelt oder nicht.

Ein Widerstand gegen den Vortrag von Herrn Martensen tritt in unserem Beispiel durch die zeitliche Disposition des Staatssekretärs offen zutage – er hat ein begrenztes Zeitkontingent zur Verfügung. Aber auch der lange und detaillierte Vortrag von Herrn Martensen löst Ungeduld aus. Für Herrn Martensen ergibt sich damit ein ernst zu nehmendes Gesprächshindernis, das er knacken muss, am besten bereits, als der Staatssekretär das erste Mal nach der Zeit sieht: „Ich sehe, dass Sie auf die Uhr schauen – wie viel Zeit haben Sie für unser Gespräch angesetzt?" Wenn wir Ungeduld bei unseren Gesprächspartnern wahrnehmen, ist es wichtig, das sofort offen anzusprechen und eine Vereinbarung über den weiteren Gesprächsverlauf zu treffen. Wir selbst können dann eventuell sofort auf die Kurzfassung unseres Vortrags umschalten oder uns zum Beispiel einigen, die verbleibende Zeit für Fragen zu nutzen. In dieser

Weise auf die Verhaltensweisen unserer Gesprächspartner zu reagieren gelingt uns nur, wenn wir unseren Beitrag sehr gut vorbereitet haben: Nur dann sind wir frei, uns auf unser Gegenüber zu konzentrieren.

Mit dieser Strategie werden wir unsere Inhalte glaubwürdig und erfolgreich präsentieren und darüber hinaus alle wichtigen Informationen übermitteln. Mit der Strukturierung unserer Inhalte nehmen wir Einfluss auf die Struktur unseres Denkens. Die nachfolgende Übung zeigt ein System von Leitfragen, das sich auf zahlreiche Situationen übertragen lässt.

11.8 Übung

Effektive Präsentationen

1. Wie verbessere ich meine Kommunikation?

Körpersprache
- Zeige ich Offenheit?
- Bin ich zugewandt?
- Habe ich Blickkontakt?
- Ist die Nähe/Distanz zu meinen Zuhörern angemessen?

Verständlichkeit
- Sind meine Formulierungen kurz, anschaulich, bildhaft?
- Habe ich meinen „roten Faden"?
- Kann ich mich kurz fassen oder die Länge variieren?
- Gehe ich auf meine Teilnehmer ein und schaffe einen Dialog?

2. Wie zeige ich meine Kompetenz?

Persönlich
- Wie ziehe ich die Zuhörer in meinen Bann?
- Wie begeistere ich?
- Wie überzeuge ich?
- Wie mache ich mich verständlich?
- Welche Anregungen habe ich für meine Arbeit bekommen?

Fachlich
- Was will ich erreichen?

Zur persönlichen Auswertung der Übung:

Bitte bewerten Sie sich selbst bei Ihrer nächsten Präsentation nach der folgenden Checkliste.

	niedrig	3	2	1	0	hoch
Persönliche Ausstrahlung						
Offenheit						
Zugewandtheit						
Blickkontakt						
Nähe/Distanz zu den Zuhörern						
Formulierungen						
Roter Faden						
Prägnanz der Sprache						
Dialog mit dem Publikum						
Begeisterungsfähigkeit						
Überzeugungsfähigkeit						
Verständlichkeit						
Zielformulierung						
Technik						

- Was ist Ihre wichtigste Erkenntnis, nachdem Sie die Checkliste ausgefüllt haben?
- In welchen Bereichen sind Sie ausgezeichnet oder sehr gut?
- Was wollen Sie konkret verbessern?
- Welche Schritte wollen Sie dazu unternehmen?

12. Gut gemeint heißt nicht, besser gewusst

Wie Sie Konflikte erfolgreich im Dialog klären

12.1 Einführung

Konflikte machen Angst. Besonders – oder gerade – im Berufsalltag, weil wir hier als Führungskräfte gefordert sind, Verantwortung zu übernehmen und auftretende Spannungen zu lösen. Wir müssen uns den aktuellen Kontroversen stellen und das Gespräch – als Konfliktpartei oder als Moderator gegenüber unterschiedlichen Interessenvertretern – führen. Das bietet zum einen die Chance, bei Meinungsverschiedenheiten im Berufsalltag das gegenseitige Vertrauen zu erhalten und zum anderen die Herausforderung, langfristig wirkende Lösungen zu finden. Auf jeden Fall vermeiden wir mit dem Konfliktgespräch, dass Kontroversen sich etablieren und verbreiten.

Vor diesem Schritt schrecken wir jedoch oft zurück. Warum? Bei der Klärung von Konflikten werden wir neben dem Sachproblem immer auch mit Gefühlen konfrontiert – unseren eigenen und denen der Konfliktparteien. Das ist für uns oft schwierig und manchmal bei aller übrigen Arbeitsbelastung auch lästig. Wir wollen das Problem auf der Sachebene so schnell wie möglich lösen, sind aber persönlich ungeübt im Umgang mit heftigen Gefühlen und darin, sie in Worte zu fassen.

Zudem haben wir manchmal Angst vor den Konsequenzen, die eine Auseinandersetzung mit sich bringt. Wie können wir hier verfahren? Wie gelingt es uns, ein Konfliktgespräch so zu führen, dass wir dem Problem gerecht werden, die Gefühle der Beteiligten angemessen berücksichtigen und auch gegen Widerstände eine nachhaltig wirksame Lösung erzielen?

12.2 Ein Beispiel

Herr Weinstein ist von Beruf Fernsehmoderator, 50 Jahre alt und seit einem Jahr freier Mitarbeiter bei einem Privatsender. Sein Vertrag läuft in drei Monaten aus. Er war vor zehn Jahren sehr bekannt und hatte eine große Abend-Show, war in den letzten Jahren jedoch eher auf Sendeplätzen im Nachmittagsprogramm zu sehen. Im vergangenen Jahr hat Herr Weinstein bereits zahlreiche Gespräche geführt, aber viele Sender haben ihn, oftmals mit dem Hinweis auf sein Alter, abgelehnt. Vor drei Tagen wurde Herr Weinstein jedoch zu einem Gespräch eingeladen. Es soll über einen Auftritt als Moderator verhandelt werden. Herr Weinstein, sein Agent, der Regisseur der Show – ein Engländer – und der Finanzdirektor des Senders werden sich treffen, um über die Bedingungen zu verhandeln.

Herr Weinstein weiß aus sicherer Quelle, dass der junge Showmaster, der die Show bisher moderierte, dafür 65 000 Euro erhalten hat. Herr Weinstein hat für seine letzten Moderationen 40 000 Euro bekommen, wobei er die Zuschauerquote seiner Sendungen steigern konnte. Er ist aufgeregt vor dem Gespräch, denn diese Moderation könnte für ihn zu einem richtigen Comeback werden. Für ihn ist es das Wichtigste, den Job zu bekommen, egal zu welchem Preis, aber um seines guten Rufes willen möchte er das größtmögliche Honorar aushandeln. Dennoch ist ihm klar, dass er wegen seines Alters und seines gesunkenen Bekanntheitsgrades Abstriche machen muss.

Am Tag des Termins wird Herr Weinstein vom englischen Regisseur der Show begrüßt, der sehr nett ist und einige Scherze über das Programm und die Suche nach einem Moderator macht. Herr Weinstein ist verunsichert. Er hat sich sehr präzise vorbereitet, seine bisherigen Karriere-Highlights noch einmal gedanklich Revue passieren lassen und erwartet nun die Gelegenheit, sich damit zu präsentieren. Als der Finanzdirektor zu ihnen stößt, kommt er sofort zur Sache und fragt Herrn Weinstein, was er für die Moderation haben will. Herr Weinstein zögert, weil er mit einem Angebot gerechnet hat. Er beginnt mit seiner vorbereiteten Präsentation über seine Vorzüge und bisherigen Tätigkeiten. Seine Gesprächspartner werden sichtbar ungeduldig und der Finanzdirektor fragt erneut nach einer konkreten Summe. Herr Weinstein nennt jetzt den Betrag von 60 000 Euro. Der Finanzdirektor rollt mit den Augen und weist Herrn Weinstein darauf hin, dass er diese Summe nicht wert sei, weil er in letzter Zeit in zweitklassigen Shows aufgetreten und sein Stern ja auch inzwischen gesunken sei. Herr Weinstein ist beleidigt und schweigt. Der Finanzdirektor wird noch ungeduldiger und erklärt, er habe nicht viel Zeit und Herr Weinstein möge doch bitte noch einmal darüber nachdenken, welches Honorar realistisch sei. Danach geht man ohne Ergebnis auseinander ...

12.3 Das Thema: Worte sind unsere stärkste Medizin – mit der eigenen Strategie Konfliktgespräche erfolgreich führen

Dieses Beispiel berührt ein Thema, das uns durch unser gesamtes Berufsleben begleitet – Verhandlungen über Geld. Gerade hier müssen einige Grundsätze beachtet werden, denn es geht auch um unseren persönlichen Wert. Daher sind wir meist leicht verletzbar und neigen zu Abwehrreaktionen, wenn unser Gegenüber nicht auf unsere Wünsche eingeht. Hier helfen folgende Regeln für die Durchführung des Konfliktgesprächs:

Trennen Sie Mensch und Problem voreinander

Wenn Sie sich beleidigt fühlen oder auf Ihren Gesprächspartner wütend sind, greifen Sie nicht an („Sie stellen sich jetzt seit Wochen so stur!"), sondern sagen Sie, wie Ihnen persönlich zumute ist („Ich ärgere mich, weil ich Ihr Verhalten stur finde") und bleiben Sie im Hinblick auf Ihr

Problem sachlich. Wenn bei Ihnen im Gespräch Gefühle hochkommen, sprechen Sie diese auf jeden Fall an – wenn Sie so tun, als sei alles in Ordnung, obwohl das für Sie persönlich keineswegs so ist, gefährden Sie den Erfolg Ihres Konfliktgesprächs. Dasselbe gilt für Gefühle, die von den anderen Konfliktparteien geäußert werden: Auch hier ist es wichtig, diese Gefühle zuzulassen und weder zu bewerten noch mit dem Sachthema zu verknüpfen.

Konzentrieren Sie sich auf Interessen, nicht auf Positionen

Was ist der Unterschied? Ist es Ihre Position, mehr Geld haben zu wollen, so ist es Ihr Interesse, auch einen ordentlichen Vertrag zu bekommen, in dem die Bedingungen für Sie stimmen. Wenn Sie über Ihre Interessen nachdenken, ergibt sich immer eine größere Bandbreite von Möglichkeiten, die Ihnen gute Argumente für Ihr Konfliktgespräch liefert.

Im Gespräch gilt es aber, nicht nur die eigenen Interessen darzulegen, sondern auch die des Gesprächspartners herauszufinden. Stellen Sie dazu Fragen. Stellen Sie überhaupt viele Fragen. Viele Konfliktgespräche scheitern, weil die Partner sich gegenseitig über ihre Positionen informieren, aber nie dazu kommen zu erörtern, was dahinter steckt und welche Motive sie haben. Besonders in Deutschland ist der Austausch von Daten und Fakten beliebt. Aber erst wenn Sie die Beweggründe Ihrer Gesprächspartner verstehen, können Sie anfangen, über Lösungen nachzudenken.

Entwickeln Sie Optionen

Für unser Konfliktgespräch benötigen wir auf der Sachebene eine Bandbreite von Optionen: Was wünschen wir uns als maximales Ergebnis? Wo liegt unsere Schmerzgrenze? Je besser wir unseren persönlichen Spielraum kennen, desto sicherer werden wir das Konfliktgespräch führen, und umso offener sind wir für unsere Gesprächspartner. Im Gespräch selbst sind konkrete Vorschläge sinnvoll: „Wie wäre es, wenn wir uns nicht öffentlich äußern, bis wir hier eine konkrete Vereinbarung erzielt haben?" Notwendig sind auch Fragen an unsere Gesprächspartner nach ihren Optionen und Ideen zur Lösung.

12.4 Zum Hintergrund: Verantwortung für den Konflikt übernehmen und den Dialog steuern

Für die Durchführung von Konfliktgesprächen ist also eine gute Vorbereitung unabdingbar. Das wird gerade von Führungskräften häufig unterschätzt. Die Behandlung von Konflikten zwischen Tür und Angel führt jedoch eher zur Eskalation als zur Lösung. Im Konfliktgespräch mit mehreren Parteien sollte jeder Gesprächsteilnehmer zu Beginn die Gelegenheit erhalten, seinen Standpunkt vorzutragen – ohne durch den Moderator oder andere Gesprächsteilnehmer unterbrochen zu werden. Bereits hier lassen sich viele Konflikte klären, weil – gerade bei hoher Arbeitsbelastung – oft deutlich wird, dass es auf beiden Seiten Informationsdefizite gibt und der Konflikt mit entsprechenden Fakten leicht aus der Welt zu schaffen ist. An dieser Stelle haben Gesprächsleiter eine besonders wichtige Rolle: Sie müssen dafür sorgen, dass jeder angemessen zu Wort kommt – keine leichte Aufgabe, denn die Konfliktpartner werden ihre Standpunkte gemäß ihrer Persönlichkeit darstellen. Hier gibt es die Ängstlichen, die Aggressiven, die Hilflosen und die Mutigen, solche, die bereit sind, sich dem Konflikt offen zu stellen und andere, die ihn lieber verdrängen wollen.

Hier müssen die Teilnehmer ermutigt werden, ihre negativen Gefühle zu formulieren – ein kritischer Punkt und oft der Grund, aus dem Konfliktgespräche überhaupt vermieden werden. Es gibt jedoch keine „richtigen" oder „falschen" Gefühle in einem Konfliktgespräch. Moderatoren müssen ihren Gesprächspartnern die Möglichkeit einräumen, Gefühle offen auszusprechen und damit auch akzeptiert zu werden. Verschiedene Meinungen und Wünsche sollen nebeneinander bestehen. Aufgabe des Moderators ist es, dafür zu sorgen, dass sie nicht kommentiert und bewertet werden.

Die besondere Herausforderung für uns als Führungskräfte ist es, in Konfliktgesprächen nicht in die Rolle eines Opfers zu verfallen und auch nicht zuzulassen, dass andere Gesprächsteilnehmer dies tun. Also nicht in das Muster der Rechtfertigung aus der Defensive zu geraten, wenn wir angegriffen werden.

Wir werden umso leichter Opfer im Gespräch, je weniger wir die eigenen Gefühle beachten und uns mit den vermeintlich attraktiveren Werten des Angreifers identifizieren. Damit nehmen wir uns selbst als weniger kompetent wahr und stellen uns hinter die Macht eines anderen Menschen.

Als ängstlicher Mensch suchen wir oft jemanden, der steuert. Das kann allerdings auch dazu führen, dass wir dorthin gesteuert werden, wohin wir nicht wollen. Es kann bedeuten, dass, wenn wir große Angst haben, etwas zu entscheiden, die Menschen um uns herum die Entscheidungen für uns treffen. Einerseits brauchen wir diese Menschen, andererseits fragen wir uns, ob sie nicht auch etwas für uns Ungünstiges bewirken. Das äußern wir aber nicht, weil wir von der steuernden Person ein Stück weit abhängig werden.

In der Opferrolle identifizieren wir uns meist sehr einseitig mit einem selbstschädigenden Teil unserer Person – mit einer Eigenschaft oder einem Defizit. Unser Denken ist auf die negativen Seiten unseres Charakters fixiert. Solche massiven Denkblockaden führen zu eingefahrenen Gefühls- und Verhaltensreaktionen.

Wir fühlen uns in unserem Berufsleben manchmal als unschuldiges Opfer externer Umstände, die wir nicht beeinflussen konnten und können. Wir betrachten Probleme als Schicksalsschläge, denen wir uns nicht entziehen können. Diese Opferrolle hat durchaus ihre Vorteile, denn sie ist bequem und risikolos. Die Vorteile sind jedoch Trostpreise. Der Hauptgewinn wäre ein selbstbestimmtes, gesünderes und glücklicheres Leben.

Die Aussage, dass wir für unser Leben, für unser Glück, unsere Karriere und unsere Erfolge selbst verantwortlich sind, löst jedoch bei vielen Menschen Widerstände aus. Vielleicht haben wir, wenn es mit der Karriere nicht so recht vorwärts geht, bisher alles falsch gemacht?

Vielleicht ist es auch schon zu spät, um etwas zu ändern? Es ist jedoch nie spät, etwas zu verändern und unser Leben eigenverantwortlich zu gestalten. Hierbei lohnt sich der Blick zurück, um Verhaltensmuster zu erkennen und herauszufinden, warum wir sind, wie wir sind. Haben wir das geklärt, gilt es, die Eigenverantwortlichkeit in unserem Leben zu stärken. Schmerz ist unvermeidlich, Leiden ist freiwillig ... Führungskräfte müssen also nach Hintergründen fragen, ohne wertend einzugreifen und Opferrollen zuzulassen. Die besondere Herausforderung besteht hier darin, auch dann noch aufmerksam zuzuhören, wenn eine Partei offensichtlich unrecht hat. Besonders, wenn im Konfliktgespräch nach Schuldigen gesucht und eine Partei in ihrer Opferrolle manifestiert wird, also nicht mehr das Finden von Lösungen zentral ist, müssen wir eingreifen und mittels gezielter Fragen die Motive, Interessen und Bedürfnisse der Konfliktparteien herausarbeiten. Nichts lässt Konfliktgespräche schneller scheitern als Aussagen, die anfangen mit: „Sie wollen aber immer ...", oder: „Noch nie haben Sie ..."

Besonders wenn Parteien mit unterschiedlichen Nationalitäten am Tisch sitzen, enden Konfliktgespräche häufig unbefriedigend oder in Pattsituationen, weil hier Kommunikationskulturen aufeinanderstoßen. In Deutschland ist man eher gewohnt, Informationen auf der Basis gründlicher Recherchen zu präsentieren. Je mehr schriftlich fixiert wird, umso besser. Diese schriftliche Absicherung ist erwünscht, bevor Entscheidungen getroffen oder weitere wichtige Bereiche einer Aufgabe in Angriff genommen werden. Studien zeigen, dass in Europa die Deutschen eindeutig den höchsten Informationsaufwand betreiben, bevor sie Entscheidungen treffen. Dieser ausführliche Prozess der Entscheidungsfindung steht für „deutsche Gründlichkeit" und für Deutsche als Synonym für Erfolg.

Andere Länder Europas wie England, Frankreich, Italien, Spanien haben eine eher dialog-orientierte Kommunikationskultur. Sie legen ebenfalls Wert auf schriftliche Informationen, nutzen jedoch die persönliche Kommunikation als wesentlichen Informationskanal. Im Gegensatz zu datenorientierten Kulturen, in denen meist Geschäftliches und Privates strikt voneinander getrennt ist, werden in dialog-orientierten Kulturen geschäftliche und private Zusammenkünfte eher in einem Kontext gesehen.

Was bedeutet das für Konfliktgespräche? Wenn wir Deutschen verhandeln, sind wir aufgrund unserer Kultur eher an klaren Inhalten, Detailwissen und schnellem Konsens interessiert. Unsere Kritik äußern wir ziemlich direkt. Wir mögen weniger abschweifende Diskussionen oder den Austausch von Scherzen in „ernsthaften" Besprechungen. Unsere Besprechungen beginnen wir pünktlich und eröffnen sie mit einer knappen förmlichen Einleitung, bevor wir direkt zum Thema kommen. Das führt häufig im internationalen, vor allem angelsächsisch geprägten Kontext zu Unverständnis, weil es hier als höflicher und natürlicher gilt, eine Verhandlung mit Smalltalk oder einem Scherz zu beginnen, bevor man zum Kern der Besprechung kommt.

12.5 Das Ziel: Die Lösung muss allen Parteien nutzen

Was hätte Herrn Weinstein geholfen? Zunächst einmal zu wissen, wer ihm bei seiner Besprechung gegenübersitzt. Hätte er gewusst, dass er einen englischen Regisseur antrifft, hätte er damit gerechnet, dass die Eröffnung des Gesprächs unter Umständen nach angelsächsischer Art mit lockerem Smalltalk erfolgt. Er wäre nicht gleich zu Beginn verunsichert gewesen. Offenbar war er für sein Gespräch inhaltlich gut präpariert – er hatte seine wichtigsten Karriere-Highlights vorbereitet – nicht aber auf die schnelle und konkrete Frage nach seinem Honorarwunsch. Hier wäre in der Vorbereitung die Auseinandersetzung mit dem Standpunkt seines Gesprächspartners hilfreich gewesen, um klarer zu sehen, wo die Interessen der anderen Seite liegen. Die Tatsache, dass er selbst keine Optionen parat hatte – keinen Spielraum für die Honorarverhandlungen – hat schließlich mit dazu geführt, dass die Verhandlung vorzeitig abgebrochen wurde.

Aber auch die andere Seite war unvorbereitet. Der Finanzdirektor stellte gleich mit seinem Eintreten die Frage nach der Lösung – seiner Lösung – des Honorarwunsches. Wie wir in unserem Beispiel sehen, ist Herr Weinstein damit überrumpelt worden. Hier hätte der Finanzdirektor zur Vorbereitung einer Lösung, mit der beide Seiten zufrieden sind, Herrn Weinstein zugestehen müssen, sich und seine Ausgangslage darzustellen. Der richtige Einstieg in ein Konfliktgespräch ist enorm wichtig.

LEITSÄTZE

- Schaffen Sie einen guten Rahmen für Ihr Konfliktgespräch.
Vereinbaren Sie als Moderator Gesprächsregeln, zum Beispiel, dass sich die Parteien ausreden lassen und diskret mit Informationen umgehen.

- Lassen Sie die Parteien den Konflikt darstellen.
Hier kommt das Thema auf den Tisch. Bewerten Sie keine Äußerung, so absurd Sie auch erscheint. Fassen Sie als Moderator regelmäßig zusammen.

- Lassen Sie die Eskalation zu.
Jetzt kommt die Phase, in der sich der Konflikt zuspitzt: Die Gefühle der Konfliktparteien kommen hoch. Ermutigen Sie Ihre Gesprächsteilnehmer, negative Gefühle zu äußern.
Achtung: Das ist ein gutes Zeichen und bedeutet keinesfalls ein Scheitern des Gesprächs! Hören Sie hier vor allem aktiv zu, fragen Sie nach, bewerten Sie nicht und lassen Sie auch keine Bewertungen zu.

- Erhellen Sie den Konflikt.
Bitten Sie die Konfliktpartner, ihre Wünsche, Bedürfnisse und Interessen zu formulieren. Stellen Sie Fragen. Hier kommen fast immer erste Gemeinsamkeiten auf.

- Finden Sie die Lösung.
Der Übergang von der Konflikterhellung zu den Lösungen ist fast immer fließend. Setzen Sie hier als Moderator Prioritäten und fragen Sie das Einverständnis ab.

- Danke!
Danken Sie Ihren Konfliktpartnern und fassen Sie die Lösungsvorschläge zusammen.

12.6 Der Nutzen: Dem Konflikt auf den Grund gehen: Verhaltensmuster erkennen und ein neues Fundament legen

Der Grund für einen Konflikt liegt immer im Verhalten der Konfliktparteien. Verhaltensmuster prägen unsere Konfliktgespräche. Wir stellen durch diese Muster ungleiche Machtbeziehungen her, die wir erkennen und auflösen müssen: Wir manövrieren uns in ein Drama-Dreieck. Dabei gibt es in der Regel drei Rollen, die unser Verhalten wesentlich prägen: Wir agieren eher als Machtmensch, als Opfer oder Retter. Als Machtmensch wollen wir den Spitzenplatz in einer Gruppe einnehmen, unabhängig sein und anderen unseren Willen aufzwingen. Wir möchten uns wichtig fühlen und haben Angst davor, übersehen zu werden. Wir verkennen dabei leicht, dass unsere Macht recht instabil ist und davon abhängt, dass wir Menschen finden, die sie anerkennen und uns folgen. Wir benutzen – nicht nur in Konflikten – Befehle und geben Anweisungen, erheben Vorwürfe. Machtmenschen klären gern in Konflikten die „Schuldfrage" und nutzen vielfach Redewendungen wie: „Sie sollten ...", „Schon wieder haben Sie ...", „Sie müssen ...".

Machtmenschen suchen sich Opfer, also Menschen, die bereit sind, diese Rolle zu spielen. Für uns als Opfer besteht der Vorteil darin, dass wir in einer schwierigen Situation nicht so viel Verantwortung übernehmen müssen. Wir wünschen uns, dass andere einspringen und uns schützen. Der Nachteil dieser Rolle ist, dass wir unser eigenes Potential nicht nutzen und uns selbst in unserer persönlichen Entwicklung behindern. Redewendungen wie: „Ich kann ... nicht, ich schaffe das nicht", „Es ist meine Schuld" sind hier kennzeichnend.

Als Retter stehen wir zwischen Machtmensch und Opfer. Wir versuchen, dem Machtmenschen ins Gewissen zu reden und das Opfer zu schützen oder zu aktivieren. Wir beziehen unsere eigene Sicherheit daraus, gebraucht und von vielen geliebt zu werden. Bemerkungen wie: „Das wird schon wieder", „Nehmen Sie es nicht so schwer" sind typisch für Retter gegenüber Opfern. Gegenüber Machtmenschen werden in erster Linie Warnungen und Ermahnungen benutzt.

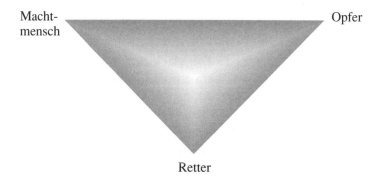

Abbildung 4: Das „Drama-Dreieck" als Ausgangspunkt vieler Konflikte

Die Kenntnis dieser Unterschiede hilft uns dabei, eigene Verhaltensweisen zu reflektieren – und auch kulturell bedingte Unterschiede besser zu verstehen. Das heißt, wir dürfen das Verhalten unserer Gesprächspartner nicht persönlich nehmen, sondern müssen es als Teil der mentalen Software unserer Gesprächspartner akzeptieren und damit umgehen.

Wenn wir die unterschiedlichen Gesprächstypen und ihre Methoden kennen, werden wir in Konfliktgesprächen diese Verhaltensmuster aufbrechen und zu echten Ergebnissen gelangen.

12.7 Die Strategie: Be a light, not a judge, be a model, not a critic

Genauso wichtig wie die Reflexion der eigenen Verhaltensmuster ist der Ablauf des Konfliktgesprächs. Alle Gespräche, die wir täglich führen, verlaufen in Phasen, die wir oft unbewusst nutzen. In der Regel werden wir, besonders wenn wir unsere Gesprächspartner noch nicht kennen, erst einmal miteinander „warm", wir begrüßen uns und klären Verfahrensweisen für unser Gespräch. Diese Verfahrensweisen werden gern übersprungen, aber wir sind alle entlastet, wenn wir genau wissen, wer die

Gesprächsleitung übernimmt, wer – nach einer Vorstellungsrunde – am Tisch welche Entscheidungsvollmachten hat und wie der Ablauf genau sein wird, möglichst auch, wie lange unsere Gespräche dauern.

Danach stellen wir als Moderator oder einzelne Teilnehmer die zu besprechenden Themen vor. Hier ist wieder der Moderator gefordert, wenn es darum geht, die Gesprächspartner anzuhören, ihre Interessen abzufragen und so den Prozess voranzubringen. Erst wenn diese Phase abgeschlossen ist, werden Ideen entwickelt und Optionen erarbeitet. Werden dann die Ergebnisse zusammengefasst und protokolliert inklusive Maßnahmen und nächster Schritte, ist das Gespräch erfolgreich.

Der Umgang mit dem inneren Widerstand

Oft haben wir unangenehme Gefühle vor oder in Konfliktgesprächen – Angst entsteht, vor unseren Gesprächspartnern oder möglichen Konsequenzen. Hier ist wichtig, sich zunächst zu fragen, ob wir es schaffen, uns so zu verhalten, wie wir uns tatsächlich verhalten wollen – oder ob wir ein anderes Verhalten besser fänden, es aber nicht praktizieren, weil es uns Angst macht. In diesem Zwiespalt hilft es, im Konfliktgespräch bewusst alle Register erfolgreicher Kommunikation zu ziehen:

1. In „Ich"-Botschaften sprechen und nur in „Ich-Botschaften", ohne Beschuldigungen oder Annahmen über die Haltung unserer Gesprächspartner.

2. Grenzen ziehen: „Ist Ihnen klar, dass Sie mich jetzt persönlich angreifen? Bitte lassen Sie das."

3. Zuhören, den Gesprächspartner ausreden lassen, den Faden des Gesprächspartners aufgreifen, nicht nur reagieren.

4. Offene Fragen stellen: Wie stellt sich die Situation für Sie dar? Was erwarten Sie von mir? Von den anderen?

5. Augenkontakt halten.

Was bedeutet das für unseren aktuellen Fall? Hier kennen sich die Gesprächspartner bereits, und es geht vor allem darum, das Thema angemessen zu bearbeiten. Das Sachproblem muss in den Vordergrund, ohne einzelne Personen abzuwerten.

Der Umgang mit den Gefühlen der Gesprächspartner

Die besondere Herausforderung bei Konfliktgesprächen liegt im Umgang mit den Signalen der Konfliktparteien. Wenn unsere Gesprächspartner, wie der Finanzdirektor in unserem Beispiel, unruhig werden oder durch abwertende Bemerkungen oder einen zweifelnden Gesichtsausdruck den Gesprächsverlauf stören, müssen wir sofort reagieren. Angemessen ist hier eine Frage: „Ich sehe Sie zweifeln: Was schlagen Sie vor?" Das konkrete Eingehen auf unser Gegenüber schützt uns in diesem Moment vor reaktivem Verhalten, wie es Herr Weinstein in unserem Beispiel an den Tag legt: Er reagiert beleidigt und zieht sich zurück. Damit schwächt er seine Position im Gespräch und überlässt dem Finanzdirektor die Führung.

Fragen sind ein entscheidendes Führungsinstrument, das wir nicht aus der Hand geben sollten. Gerade, wenn wir mit den Gefühlen unserer Gesprächspartner umgehen, sind offene Fragen wichtig – also Fragen, die nicht spontan mit „Ja" oder „Nein" beantwortet werden können.

Der Finanzdirektor will sich offenbar nicht weiter auf Herrn Weinstein und seine Gefühle einlassen und beendet das Gespräch, als er nicht sofort die gewünschten Antworten bekommt. Als Gastgeber und Moderator ist es jedoch seine Aufgabe, hier den Raum zu schaffen, dass alle Parteien angemessen zu Wort kommen.

An diesem Punkt, wo die Parteien ihre Standpunkte schildern, hilft dem Gesprächsleiter die Klarstellung der Verfahrensweise: „Ich sehe, dass Sie jetzt reagieren, Herr ... Wir hatten vereinbart, dass jeder die Gelegenheit erhält, seine Sichtweise zu schildern. Bitte lassen Sie doch Herrn ... seine Darstellung beenden. Sie erhalten dann ebenfalls die Gelegenheit, Ihre Perspektive darzulegen." Wichtig ist hier, dass wir uns nicht aus dem Konzept bringen und in eine Diskussion verwickeln lassen. Bleiben wir hier ruhig und sachorientiert, entziehen wir an dieser Stelle unsachlichen und abwertenden Bemerkungen erfolgreich den Boden.

Sollte es zu unfairen Taktiken kommen, müssen wir als Leiter der Diskussion immer ruhig und sachlich bleiben – egal mit welcher Taktik wir konfrontiert werden. Gerade wenn unsere Gesprächspartner sehr aufgebracht sind, benötigen sie Zeit, um sich zu beruhigen. Diese Zeit müssen wir ihnen unbedingt einräumen, wenn wir Konflikte erfolgreich und dauerhaft lösen wollen. Meist verpufft die Aggression nach einigen Minuten, wenn der Dampf abgelassen ist, und wir können das Gespräch auf der sachlichen Ebene fortsetzen.

Der Umgang mit Widerständen von außen

Herr Weinstein aus unserem Beispiel tritt sofort den Rückzug an, als er sich mit dem dominanten Verhalten und dem Widerstand des Finanzdirektors konfrontiert sieht. Er lässt sich in die Rolle des Opfers manövrieren. Diese Opferrolle nehmen wir im Berufsleben vor allem ein, wenn wir uns überfordert fühlen: ganz menschlich also. Welche Strategie können wir konkret anwenden, um das zu vermeiden? Wir können in unseren Gesprächen Muster durchbrechen, in die wir alle leicht verfallen: Das Muster der Rechtfertigung, wenn wir angegriffen werden, ist ein solches. Wie bleiben wir also gelassen? Zum Beispiel, indem wir uns bei verbalen Angriffen nicht verteidigen. Verteidigung zieht meist eine weitere Attacke unseres Gegners nach sich, und wir geraten in eine regelrechte „Rechtfertigungsschleife", aus der wir nicht mehr argumentativ herausfinden.

Mit diesem Verhalten ist also im Konflikt keine Klärung und ganz sicher keine Lösung zu erzielen. Von Herrn Weinstein erfahren wir, dass er sich zwar inhaltlich gut vorbereitet hat, jedoch offenbar nur auf die Darlegung seiner eigenen Position. Die Beschäftigung mit dem Interesse des Gesprächspartners – der Finanzdirektor will möglichst wenig zahlen – ist hier jedoch entscheidend für den Erfolg des Gesprächs. Hätte sich Herr Weinstein hier einen Spielraum zwischen seiner maximalen und minimalen Honorarforderung erarbeitet, wäre das Gespräch sicher anders verlaufen, und Herr Weinstein hätte nicht beizeiten den Rückzug antreten müssen. In diesem Fall wäre es sinnvoll gewesen, die Rolle des maximalen Postulats seinem Agenten zu übertragen. Wichtig für ein erfolgreiches Konfliktgespräch kann es sein, dass alle Anwesenden eine Rolle übernehmen. Nur so kommen alle Lösungsmöglichkeiten auch auf den Tisch.

12.8 Übung

Die Führung eines Konfliktgesprächs

1. Bereiten Sie Ihr Gespräch sehr gut vor! Siehe die nächste Übung zur Vorbereitung des eigenen Standpunktes.

2. „Wärmen" Sie das Gespräch angemessen an. Begrüßen Sie und bitten Sie alle Teilnehmer, sich vorzustellen. Klären Sie das Verfahren, also Moderation, Vollmachten, Ablauf.

3. Stellen Sie die zu besprechenden Themen vor.

4. Klären Sie als Moderator die Interessen der Teilnehmer. Wie haben die Gesprächspartner das Thema verstanden? Wie sind die Beziehungen untereinander? Gibt es feindliche Lager? Was könnte den Prozess voranbringen?

5. Erarbeiten Sie die Optionen. Entwickeln Sie Ideen oder lassen Sie Ideen entwickeln. Ermutigen Sie die Teilnehmer, beste Möglichkeiten herauszufinden.

6. Sichern Sie die Ergebnisse. Fassen Sie die erarbeiteten Ergebnisse zusammen. Ziehen Sie unabhängige Kriterien zur Prüfung heran, z. B. Präzedenzfälle, bisher akzeptierte Verfahrensweisen. Protokollieren Sie Ihre Ergebnisse, legen Sie Maßnahmen und nächste Schritte fest – wer macht was bis wann?

7. Bereiten Sie das Konfliktgespräch nach. Werten Sie für sich persönlich aus: Erteilen Sie sich eine Schulnote: Wie waren Sie? Was machen Sie beim nächsten Mal besser?

Zur Klärung meines Standpunktes:		
Was brauche ich?	Mein Standpunkt	Der Standpunkt meines Gesprächspartners
Die Interessen Worum geht es hier?		
Die maximale Forderung Was will ich haben?		
Die minimale Forderung Was brauche ich unbedingt?		
Die Argumente Wie begründe ich meine Forderung?		
Die Optionen Welche Ideen sind denkbar?		
Die objektiven Kriterien Gibt es Regeln, Präzedenzfälle?		
Die beste Alternative Was will ich, wenn das Gespräch scheitert?		

nach Peter Knapp, bearbeitet von M. Bülow

13. Kulturelle Mysterien der Welt – sichtbar oder unsichtbar?

Wie Sie Internationale Unterschiede erkennen und interkulturelle Konflikte bewältigen

13.1 Einführung

International oder interkulturell? Was ist der Unterschied? Wir bewegen uns auf internationalem Parkett und haben dabei mit Menschen unterschiedlicher kultureller Herkunft zu tun.

Als Führungskraft, die in einem internationalen Umfeld arbeitet oder als Manager, der zeitweise Verhandlungen mit seinen ausländischen Geschäftspartnern führt, sind wir gezwungen, uns mit der Kultur anderer Länder auseinander zu setzen. Warum ist das wichtig? In Zeiten der Globalisierung scheinen die Unterschiede zwischen den Kulturen zunehmend zu verschwinden. Besonders international tätige Unternehmen muten ähnlich an, und was wir hier wahrnehmen, ist allgemein gesagt, eine Amerikanisierung.

Gibt es also inzwischen die internationale Managementkultur, der die Führungskräfte aller Länder folgen? Müssen wir uns als global agierende Manager heute wirklich noch mit vielen Sprachen und Kulturen auseinander setzen? Das ist besonders in Europa ein Thema. Kulturelle Unterschiede zwischen Unternehmen in einzelnen europäischen Ländern sind auf den ersten Blick vielleicht nicht so gravierend wie zum Beispiel zwischen deutschen und japanischen Unternehmen. Aber auch innerhalb Europas gibt es die kulturbedingten Besonderheiten, die über Erfolg oder Misserfolg bei Verhandlungen entscheiden können.

Wollen wir sie berücksichtigen, verfallen wir leicht in Verallgemeinerungen: „Das ist typisch Deutsch", oder: „Warum sind es immer die Franzosen, die unsere Verhandlungen durch lange Mittagessen unterbrechen?" Diese Stereotypen können sich leicht verfestigen und bergen Konfliktpotential. Oft haben wir auch das Gefühl, im Gespräch nicht wirklich zu unserem Verhandlungspartner durchzudringen, weil er so anders ist, ohne dass wir genau sagen könnten, wie und warum. Wir nehmen Verhaltensweisen wahr, die wir nicht auf Anhieb mit unseren Erfahrungen in Einklang bringen können. Hier spielen unterschiedliche Werte einer Kultur eine Rolle. Sie sind es vor allem, die zu interkulturellen Konflikten führen.

13.2 Ein Beispiel

Ein international tätiger Konsumgüterkonzern mit Sitz in den USA hat vor einigen Monaten ein französisches Unternehmen gekauft. Die rechtliche Seite der Fusion ist abgeschlossen, und jetzt geht es darum, für eine geplante Produkteinführung die Zusammenarbeit zwischen Teams in den USA, in Deutschland und Frankreich zu intensivieren. Unter der Leitung des Abteilungsleiters Produktmarketing etabliert die US-Zentrale eine Arbeitsgruppe, der zwei US-Amerikaner aus der Geschäftsleitung, Mitarbeiter der deutschen Tochter und Franzosen aus dem neu hinzugekommenen Unternehmen angehören.

Das erste Treffen der neuen Projektgruppe in Deutschland wird anberaumt, damit die Partner sich kennen lernen und die weitere Zusammenarbeit in Form und Inhalt vereinbaren. Das Meeting findet Freitag vormittags um 11.00 Uhr statt und wird von den US-Amerikanern geleitet. Sie halten mehrere Vorträge über die Ziele des Unternehmens nach der Fusion und geben Prognosen über den erwarteten Geschäftserfolg des neu zu entwickelnden Produkts ab. Um 13.30 Uhr sind die Präsentationen und die anschließende Diskussionsrunde beendet. Die US-Amerikaner bitten die Teilnehmer, sich in den kommenden Wochen einzeln und aus ihrer fachlichen Sicht Gedanken über die weitere Arbeit zu machen und für das nächste Mal ein „co-operation concept" vorzubereiten. Dazu gibt es aus der Runde keine weiteren Nachfragen, und so geht man um 14.00 Uhr auseinander mit dem Beschluss, sich in drei Wochen wieder zu treffen.

Vor dem zweiten Treffen arbeiten die US-Amerikaner eine Agenda aus, die sie an die Teilnehmer versenden. Darin sind kurze Beiträge aller Beteiligten vorgesehen. Das Meeting wird wieder von 11.00 Uhr bis 14.00 Uhr anberaumt. Hier bitten die Franzosen um eine Verschiebung des Termins auf 09.00 Uhr bis 12.00 Uhr. Dem Wunsch wird seitens der Zentrale nicht stattgegeben, weil die US-Amerikaner kurzfristig für den Tag selbst einfliegen wollen.

Beim zweiten Meeting bittet die US-amerikanische Geschäftsleitung nach ihrer kurzen Einführung um die Beiträge der Teilnehmer. Das deutsche Team hat eine umfangreiche Präsentation mit Tischvorlagen ausgearbeitet, um so als Projektleiter für die Produkteinführung ihre Führungsrolle zu dokumentieren. Darin legen sie sehr genau ihre Vorstellung zu den Inhalten der künftigen Kooperation dar, beschreiben Ideen zur Strukturierung der Zusammenarbeit und schlagen konkrete Maßnahmen für die kommenden Monate vor. Die US-Amerikaner sind beeindruckt, fühlen sich aber von den konkreten Vorschlägen etwas überfahren. Bei den Franzosen ist im Laufe der Präsentation Unruhe aufgekommen. Als sie aufgefordert werden, ihre Vorstellungen zur Zusammenarbeit zu präsentieren, stellt sich heraus, dass sie die Vereinbarung des letzten Meetings „prepare a co-operation concept" keineswegs als Aufforderung verstanden haben, eine Ausarbeitung vorzustellen. Das französische Team hat verstanden, dass zunächst im Allgemeinen diskutiert wird, wie die Zusammenarbeit aussehen soll.

Die Deutschen sind verärgert, weil sie offenbar die einzigen sind, die sich gut vorbereitet und „ihre Hausaufgaben" gemacht haben. Für die US-Amerikaner ist die Haltung der Franzosen eine Ausrede, ihre – wie sie meinen – schlechte Vorbereitung zu rechtfertigen. Dies teilen sie auch der Gruppe mit. Die Franzosen verstehen nicht, warum sie angegriffen werden und erklären, das weitere Vorgehen zunächst mit ihrem Vorgesetzten absprechen zu wollen.

> Die Teilnehmer gehen in gestörter Stimmung auseinander, und die US-Amerikaner sind ratlos, wie sie die Zusammenarbeit der Projektgruppe steuern sollen ...

13.3 Das Thema: Kulturelle Unterschiede erkennen und Konflikte vermeiden

Was ist hier passiert? Unterschiedliche Kulturen führen zu unterschiedlichen Verhaltensweisen. Was bedeutet Kultur für uns als Manager? Wir suchen sie uns nicht aus, sondern werden in sie hineingeboren, sie begleitet uns vom Anfang bis zum Ende unseres Lebens. Sie bestimmt die Grundannahmen, die wir über die Welt treffen, über die Natur des Menschen, die Art menschlicher Aktivitäten. Sehen wir zum Beispiel unsere Umwelt als etwas Bedrohliches oder Herausforderndes an? Welchen Anspruch haben wir an die Wahrheit? Glauben wir, was wir lesen oder wollen wir es selbst ausprobieren, um herauszufinden, ob es wahr ist? Wie ist das Zeitverständnis? Wann ist etwas zu früh oder zu spät? Gehen wir davon aus, dass der Mensch im Grunde gut ist oder schlecht? Wie wird Arbeit beurteilt? Ist es wichtig, auf der Stufenleiter der Hierarchie weit oben zu sein, mit den Händen zu arbeiten oder sich die Hände nicht schmutzig zu machen? Wie verpflichtend sind Freundschaft und Familie, Alter und Herkunft, welchen Stellenwert hat Treue? All diese oft unterbewussten Grundeinstellungen, die von Kultur zu Kultur unterschiedlich sind, prägen das kulturelle Weltbild und spiegeln sich auch in Unternehmenskulturen wider. Das heißt, neben unserer eigenen, („eingeborenen") Kultur beeinflusst uns die Kultur des Unternehmens, für das wir arbeiten.

Damit haben wir Gelegenheit, Facetten anderer Kulturen – von Menschen und Unternehmen – anzunehmen und auch unsere eigenen Besonderheiten weiterzugeben. In welchem Umfang uns das gelingt, bestimmt, ob wir im interkulturellen Umfeld konfliktfrei agieren oder nicht.

Durch die gleiche Sprache getrennt

Was bedeutet das im Hinblick auf unser Beispiel? Offenbar spielen sprachliche Missverständnisse über das „co-operation concept" hier eine zentrale Rolle. Unterschiedliche Teilnehmer haben jeweils etwas anderes verstanden. In internationalen Teams tritt häufig das Problem auf, dass die gemeinsame Arbeitssprache – meist Englisch – nicht Muttersprache der meisten Teilnehmer ist. Das ist ein weithin unterschätzter Kommunikationsnachteil, selbst wenn unsere Englischkenntnisse sehr gut sind. Dennoch stehen wir als Nicht-Engländer oder -Amerikaner häufig vor dem Problem, besonders in großen Verhandlungsrunden nicht zugeben zu wollen oder zu können, dass wir etwas nicht ganz richtig verstanden haben. Oder, was häufiger der Fall ist, wir glauben, alles richtig erfasst zu haben, aber die Bedeutung eines Begriffs ist uns doch nicht ganz klar. Als Beispiel: „uphill" ist auf Englisch gleichbedeutend mit „mühselig", wird aber von Deutschen leicht als „bergauf" im Sinne von „es geht uns besser" gedeutet.

Die Arbeitsorganisation – Konfliktherd oder Chance

Neben der Botschaft, die es im interkulturellen Umfeld sprachlich einwandfrei zu übermitteln gilt, haben die Beziehungen unter den Menschen den höchsten Stellenwert bei der Vermeidung von Konflikten. Unterschiedliche soziale Rollen sind in höchst unterschiedlichem Maße globalisiert, und oftmals hängt der Geschäftserfolg davon ab, ob wir als Manager wissen, welche Botschaften in einer anderen Kultur in bestimmten Situationen erwartet werden.

Dazu gehört der vielfach unterschätzte Aspekt der Arbeitsorganisation. Oft können sich die Gesprächspartner zwar schnell auf ein gemeinsames Ziel einigen, haben aber aufgrund ihrer eigenen kulturellen Prägung ganz unterschiedliche Arten, dorthin zu gelangen. Hier liegen konfliktträchtige Tretminen der Kommunikation: In manchen Ländern werden Geschäfte eher in einem formellen Umfeld gemacht, in anderen oft und gern in informellem Rahmen.

Die Ausübung der Führungsrolle in einem internationalen Kontext ist mit Sicherheit das schwierigste Thema. In unseren jeweiligen Kulturen haben wir unterschiedliche Meinungen darüber, wie effektive Führung aussieht. Dabei ist es besonders wichtig, dass Manager über die erforderlichen Fähigkeiten verfügen, um andere Arbeitskulturen zu verstehen und Strukturen zu schaffen, die den Unterschieden gerecht werden. Wenn wir hier als Leiter interkultureller Teams Konflikte vermeiden wollen, müssen wir besonders darauf achten, klare Verantwortlichkeiten festzulegen und Entscheidungsprozesse für alle verständlich zu definieren.

13.4 Zum Hintergrund: Was ist eigentlich Kultur und warum gibt sie Anlass zu Konflikten?

Im allgemeinen Sprachgebrauch setzen wir mit dem Begriff Kultur oft die „Hochkultur" gleich, also z.B. Kunst, Musik, Theater. Oftmals bedeutet Kultur für uns einen sprachlichen oder geografischen Raum. Kultur ist jedoch ein viel grundsätzlicheres Konzept, das unsere Welt und die der „anderen" erklärt. Der Begriff beschreibt nach Spencer-Oatey (1999) „die Gesamtheit von Einstellungen, Grundsätzen, Annahmen, Werten, und Verhaltensnormen, die von einer Gruppe geteilt werden, die das Verhalten der Gruppenmitglieder beeinflussen und mit dessen Hilfe diese das Verhalten anderer interpretieren". Das heißt, Kultur beschreibt die Art und Weise, wie Menschen ihr Leben gestalten, mit den „Produkten" ihres Denkens und Schaffens.

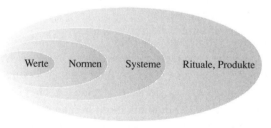

Abbildung 5: Diagramm der Kulturschichten nach Spencer-Oatey

Kultur hat mehrere Schichten. Jede Schicht bedingt und beeinflusst die nächste. Allein für die Beherrschung der äußersten Kulturschicht von Ritualen, Verhaltensweisen und Produkten benötigen wir in der Regel ein Jahr.

Am offensichtlichsten wirken Rituale und Sprache als Zeichen einer Kultur. Ein Kulturprodukt ist zum Beispiel das Essen. Italienisches Essen ist Ausdruck und Produkt italienischer Kultur. Die Bedeutung des Essens spielt für die konfliktfreie Arbeit in einem internationalen Umfeld oftmals eine entscheidende Rolle.

Dahinter verbergen sich Systeme einer Gesellschaft, die sozialen, ökonomischen wie auch die politischen Institutionen eines Landes. Diese Schicht wirkt stark auf die äußere Kulturschicht ein: Zum Beispiel ist es in Deutschland per Gesetz verboten, bei roter Ampel die Straße zu überqueren. In England, wo diese Gesetzgebung nicht existiert, wird dieses Verhalten als merkwürdig eingestuft.

Als weitere Schicht sind Normen und Grundsätze für unser kulturelles Verhalten verantwortlich. Sie beeinflussen ebenfalls sehr deutlich die äußerlich stark sichtbaren Kulturschichten. Zum Beispiel sind in Europa Gesetze davon beeinflusst: Für uns ist Demokratie die angemessene Staatsform und wir haben diesen Grundsatz auch in unseren politischen Institutionen verankert.

Das Zentrum unserer Kultur bilden unsere Grundwerte. Ein nur kleiner Unterschied in diesem System kann drastische Konsequenzen für alle anderen Schichten nach sich ziehen. In den USA wird der Status einer Person zum Beispiel durch ihre berufliche Position bestimmt, anders in Lateinamerika, wo Gegenwartsdenken, Leben im Sein vorherrschen und auch das Unterhaltsame im Leben einen hohen Stellenwert hat.

Wir alle werden in unsere Kultur hineingeboren und nehmen diese direkt auf. Die kulturelle Programmierung findet dabei bereits in unserer frühesten Jugend statt. Bis zum Alter von sieben Jahren ist der größte Teil der Kultur verinnerlicht. Dabei ist uns unsere Kultur als „Steuerungselement" nicht direkt bewusst. Die konkrete Frage nach den Werten unserer Kultur können wir meist nur schwer beantworten. Diese Werte werden aber, zumindest innerhalb unserer Kultur, als allgemeingültig akzeptiert.

Unsere eigene kulturelle „Programmierung" wird dann augenfällig, wenn wir mit Menschen zusammentreffen, die andere kulturelle Normen und Werte haben. Beginnen wir dann, die Vertreter der anderen Kultur auf der Basis unserer eigenen mentalen Software zu messen, führt dies in der Regel zu Konflikten. Wir sehen unsere Erwartungen nicht erfüllt, finden Verhaltensweisen merkwürdig oder lehnen sie ab.

Mit ihrer Kultur passen sich Menschen an ihre Umwelt an. Auch Unternehmen als soziale Gefüge entwickeln eigene Kulturen. „Unternehmenskultur" ist ein Begriff der 80er Jahre. Die Idee, den Menschen in den Mittelpunkt des betriebswirtschaftlichen Denkens zu stellen, stammt allerdings bereits aus den 30er Jahren (Nicklisch 1924) mit der Maxime, dass zufriedene Mitarbeiter produktiver arbeiten als unzufriedene und Beschäftigte nicht allein durch materielle Anreize motiviert werden. Emotionalität, vorher als unberechenbarer Störfaktor angesehen, wurde nun zum Produktivitätsfaktor. Bis in die späten 70er Jahre waren jedoch die Begriffe Wirtschaft und Kultur strikt voneinander getrennt. Die Führung von Unternehmen war auf Effizienz, Gewinn und Produktivität ausgerichtet, Kultur wurde noch nicht in betriebswirtschaftliche Entscheidungen einbezogen. Das geschah erst in den 70er Jahren, als Japan ein enormer wirtschaftlicher Aufschwung gelang, was in den USA zur Ursachenforschung führte, warum „the Japanese know how to manage better than we do" und die Diskussion über interkulturelle Unterschiede in Unternehmenskulturen auslöste. Für den Vergleich der US-amerikanischen und japanischen Kultur ergab sich daraus, dass amerikanische Unternehmen sich eher an harten Faktoren wie Strategie, Struktur und System orientieren, während japanische Unternehmen eher weiche Faktoren wie übergeordnete Ziele, Fähigkeiten und Stil berücksichtigen. Dabei haben bis heute die weichen Faktoren den Nachteil, dass sie quantitativ kaum erfassbar und rational nicht restlos aufklärbar sind.

Bis zum heutigen Tag ist das Thema interkulturelle Kommunikation in internationalen Unternehmen von Schwierigkeiten geprägt. Wenn man Manager befragt, wo ihrer Meinung nach die Fallstricke liegen, rangieren die Antworten von: „Termine sind schwer einzuhalten aufgrund unterschiedlicher Auffassung über die Bedeutung der zeitgerechten Vorlage von Ergebnissen", über „Probleme der Motivation, weil Mitarbeiter sich ausgeschlossen fühlen" bis zu „finanziellen Verlusten, weil ein Vertriebsmitarbeiter zur falschen Zeit einen falschen Scherz in die Runde warf". Alle, die in einem internationalen Umfeld arbeiten, können diese Beispiele beliebig ergänzen.

Ein grundsätzliches Problem, mit dem wir alle kämpfen, sind Klischees über andere Kulturen: Wir können meist sofort sagen, was wir „typisch deutsch" oder „typisch italienisch" finden. Wir brauchen auch in gewisser Weise Klischees, um uns die Welt besser erklären zu können. Wir alle nutzen Vereinfachungen als Rahmen für unser Handeln und agieren auf der Basis von Annahmen über Abläufe, Systeme, Strukturen und Menschen. Hier liegt eine wirkliche Gefahr: die Stereotypen. Sie beschreiben ein stark vereinfachtes Bild, das wir uns von der Welt machen, um unser Bedürfnis zu befriedigen, sie als einen Ort zu sehen, den wir auf diese Weise besser verstehen und an dem wir uns besser bewegen können. Heute betrachten wir Klischees als ganz einfache Kategorien, die einen wesentlichen Bestandteil unseres Verhaltens und unserer mentalen Software darstellen.

13.5 Das Ziel: Internationale Begegnungen in interkulturelle Erfolge verwandeln

In unserem Beispiel treffen unterschiedliche Nationalitäten aufeinander, mit unterschiedlichen Ausprägungen im Hinblick auf ihre Werte, Arbeitsorganisation und Führungsstile.

Missverständnisse vermeiden – die gemeinsame Sprache finden

Ein fundamentales sprachliches Missverständnis hat sich hier ergeben – begründet in dem Wort „concept". Im Deutschen versteht man unter dem Begriff „Konzept" etwas sehr Konkretes, oft ein Papier, das Ziele beschreibt, Strategien entwickelt und Maßnahmen vorschlägt. Die Deutschen in unserem Beispiel sind also von ihrer eigenen Arbeitskultur ausgegangen, um sich dieses Wort zu erklären. Für die Franzosen bedeutet der Auftrag „prepare a concept" nach ihrem Verständnis des Wortes „concept" eher, generelle Vorstellungen davon zu entwickeln, was getan werden soll, keinesfalls aber schon eine konkrete Ausarbeitung. Auch im US-amerikanischen Verständnis beschreibt ein „concept" eher Ideen für einen Sachverhalt als konkrete Ausarbeitungen. Dieses unterschiedliche Verständnis eines einzelnen Wortes auf der Basis der eigenen Kultur hat in unserem Beispiel dazu geführt, dass die Beteiligten zu keinem gemeinsamen Arbeitsergebnis gelangt sind. Die Deutschen mit ihrer ausgearbeiteten Präsentation wurden als „Dampfwalze" empfunden, die Franzosen als „Filous", die sich um die Erfüllung des Arbeitsauftrages herumgemogelt haben. Was können wir in einem solchen Fall tun? Hier hätte ein Eingreifen der US-amerikanischen Moderatoren zur Klärung des sprachlichen Verständnisses helfen können, um sicherzustellen, dass der Arbeitsauftrag von allen richtig verstanden wurde.

Strukturelle Unterschiede bewältigen – Zeitmanagement

Wie sind hier in unserem Beispiel Erfolge zu erzielen? Die Probleme haben strukturelle und menschliche Aspekte. Die US-amerikanischen, deutschen und französischen Teilnehmer reagieren entsprechend ihrer mentalen Software. Bestandteil dieser Software sind zum Beispiel die Vorstellungen darüber, wie Arbeitsorganisation aussehen soll.

Der Arbeitstag eines französischen Managers ist in der Regel so strukturiert, dass in die Zeit zwischen 12.00 Uhr und 14.00 Uhr keine Besprechungstermine gelegt werden – es sei denn, man trifft sich mit Gesprächspartnern zum Essen. US-Amerikaner betrachten diese langen Mittagspausen oft als Zeitverschwendung und gehen davon aus, dass man auch bei Besprechungen ein Sandwich essen kann. Hier stoßen zwei unterschiedliche Gewohnheiten aufeinander, die, wie unser Beispiel zeigt, auf dem geschäftlichen Parkett zu Irritationen und Unmut bei den Gesprächspartnern führen können.

Exkurs: Deutsche und andere Werte

Generell spielen in südeuropäischen Ländern Zeitpläne und geplante Tagesabläufe keine so große Rolle wie in angelsächsisch geprägten Kulturen. Man hält sich nach Möglichkeit an sie, ist jedoch eher bereit, der Realität gegenüber dem Terminplan den Vorzug zu geben. Pläne werden nicht als starre, unabänderliche Tatsachen betrachtet, sondern sind zum Verändern da. Diese Unternehmenskulturen sind in der Regel flexibler als deutsche.

Wir gelten als Bürokraten, die jedem sofort Bußgelder androhen, wenn er seinen Wohnsitz nicht rechtzeitig ummeldet, mit Gesichtern wie Finanzbeamte, die kaum lächeln und als übereifrige Nachbarn, die anderen vorschreiben, wann sie ihre Wäsche aufhängen sollen. Wir legen großen Wert auf unser Privat- und Freizeitleben und keinen Wert auf oberflächliche, sondern auf tiefe lebenslange Freundschaften. Deutsche gelten als intelligent, fleißig, detailverliebt, aber auch als kühl, rational und humorlos, und vor allem im Geschäftsleben als unflexibel, von Regeln beherrscht und ordnungsliebend. Wir werden im Geschäftsleben oft als Kultur gesehen, die sich durch weites Vorausdenken und besonders gewissenhaftes Planen und Organisieren von Projekten, Aufgaben und Tagesabläufen auszeichnet. Wir legen Wert auf das Einhalten von Terminen, Fristen und Abgabedaten und gelten auch als formell und statusorientiert. Wenn wir Geschäfte machen, sind wir von langfristigen Erwägungen geprägt, arbeiten eng mit unseren Hausbanken zusammen, was oftmals zu Unflexibilität und mangelnder Innovation führt, ein Wesenszug, der Angelsachsen fremd ist.

Wir haben Systeme, Vorschriften, Regeln, Versicherungspolicen und Gesetze für alle Eventualitäten, die Unsicherheiten vermeiden sollen. Wir erleben solche Unsicherheiten als Bedrohung unserer Existenz, während andere Kulturen eher in der Lage sind, damit zu leben, wie zum Beispiel die USA. Die deutsche Idealvorstellung eines Unternehmens ist die einer gut geölten Maschine, deren reibungsloses Funktionieren auf allgemeinen Regeln beruht. Angelsächsische Kulturen haben eher die Vorstellung von einem Unternehmen, das einem Wochenmarkt gleicht, auf dem weder Hierarchie noch feste Regeln herrschen, sondern Problemlösungen eher situationsbezogen und spontan verhandelt werden.

Was bestimmt außerdem unsere Vorstellung von „typisch deutsch" oder „typisch Kultur X"? Humor zum Beispiel. Manager im Ausland, „Expatriates", werden, auch wenn sie die Sprache des Landes, in dem sie arbeiten, sehr gut beherrschen, fast immer Schwierigkeiten haben, Witze oder Wortspiele mit ihren subtilen Bedeutungen zu verstehen. Hier stellt sich auch leicht eine Falle, wenn Manager versuchen, scherzhafte oder ironische Bemerkungen in einer Fremdsprache zu machen. Lassen Sie die Finger davon, wenn Sie nicht absolut sicher sind, welche Vorstellung von Humor Ihr Gastgeberland hat. Die Konflikte, die dadurch entstehen können, lassen sich meist nur schwer wieder lösen.

Konfliktfrei führen – der Umgang mit Erwartungen

In diesem Beispiel liegt im Zusammentreffen von Franzosen mit Deutschen und US-Amerikanern eine weitere Quelle für Missverständnisse – der unterschiedliche Umgang mit Machtdistanz. Machtdistanz drückt in Unternehmen die vorherrschende emotionale Distanz zwischen Mitarbeitern und Vorgesetzten aus, die in Frankreich zum Beispiel stärker ausgeprägt ist als in Deutschland oder den USA. Das bedeutet, dass in Frankreich in der Regel stärkere Hierarchieformen in Unternehmen erwünscht sind und Arbeitsanweisungen von Führungskräften erwartet werden, während in Deutschland und den USA eher eine wechselseitige Abhängigkeit zwischen Managern und Mitarbeitern vorausgesetzt wird, auch bei der Entscheidungsfindung.

In unserem Beispiel übernehmen die Amerikaner ganz selbstverständlich die Führungsrolle und geben mit ihrer Agenda den Ton an, was hier nicht in Frage gestellt wird, sonst in interkulturellen Arbeitsbeziehungen aber häufig Irritationen auslöst. Insgesamt bewerten die meisten US-Amerikaner initiatives Verhalten positiv. Das gründet sich auf dem Ideal ihres Landes vom Individualismus – dem „vom-Tellerwäscher-zum-Millionär Mythos" – und wird als Wurzel für die Größe ihres Landes betrachtet. In Frankreich ist diese Auffassung etwas weniger ausgeprägt, ebenso in Deutschland. Als Gegenpol dazu: In China gibt es kein Wort für „Persönlichkeit" im westlichen Sinne. Das Ermessen von Chefs und ihre Initiative spielen im Führungsstil der USA eine wichtige Rolle. US-amerikanische Manager schätzen es in der Regel nicht sehr, wenn ihnen unterstellte Mitarbeiter die Initiative ergreifen, weil dadurch in ihren Augen ihre „Vorrechte" angetastet werden. Diese „Vorrechte" gelten in europäischen Ländern, besonders in Deutschland und Skandinavien, keineswegs als unantastbar. Hier ist es durchaus üblich und wird auch erwartet, dass Mitarbeiter Vorschläge unterbreiten, die dann in Vorstandsvorlagen einfließen.

Wie ausgeprägt der Individualismus in einzelnen Ländern und Kulturen ist, bestimmt ebenfalls den Umgang im internationalen Umfeld. Wenn Kinder von Anfang an in der Ich-Person denken, Eigeninitiative gefördert wird und die Bedeutung der Selbstversorgung betont wird, prägt dies eine andere Kultur aus als in Gesellschaften, die das Interesse der Gruppe über die des Individuums stellen. Unternehmen in stark individualistischen Gesellschaften sind vor allem durch Einzelentscheidungen und Bonussysteme für spezielle Leistungen des Einzelnen geprägt.

LEITSÄTZE

Tragen Sie schrittweise Ihre eigenen Kulturschichten und die Ihrer Gesprächspartner ab, im Hinblick auf:

- Sprache
  Fragen Sie Ihre Gesprächspartner in regelmäßigen Abständen, was sie verstanden haben. Treffen Sie klare Vereinbarungen und versichern Sie sich der Zustimmung zu diesen Absprachen.

- Werte
  Checken Sie Ihre eigene mentale Software. Nehmen Sie sich dazu Ihre persönlichen Klischees vor und verwandeln Sie diese bewusst in positive Aussagen über die Kultur Ihrer Gesprächspartner.

- Organisation
  Informieren Sie sich im Voraus über die Arbeitsorganisation Ihrer Gesprächspartner, insbesondere über ihr Zeitmanagement. Versichern Sie sich ihrer Zustimmung zu Ihrer Agenda.

■ Führungsstil
Klären Sie die Erwartungen Ihrer Gesprächspartner: Stellen Sie Fragen.

13.6 Der Nutzen: Mit kultureller Verständigung Konflikte vermeiden

„Culture is the man-made part of the environment" heißt es. Das heißt, wenn Kultur von Menschen gemacht wird, kann sie auch durch Menschen verändert werden. Ziel unserer Arbeit als Manager im internationalen Umfeld sollte sein, hier zu gestalten und unsere Gesprächspartner tatsächlich zu verstehen. Wenn wir uns dabei darauf konzentrieren, nicht unsere eigenen Erwartungen in den Vordergrund zu stellen, sondern erst einmal Informationen zu sammeln und Fragen zu stellen, verstehen wir, was andere Kulturen ausmacht. Nur wenn es uns gelingt, unsere eigene mentale Software erst einmal auszuschalten, bewahren wir uns selbst vor dem Denken in Kategorien wie „richtig" und „falsch" und begeben uns auf den Weg zur Verständigung.

Ebenso wichtig für unsere Verständigung mit Gesprächspartnern aus anderen Kulturkreisen ist es, deren Werte zu kennen. Dazu gehören die wesentlichen Aspekte der Kultur, Religion, politische Ideologien, Funktionsweise des Wirtschaftssystems und gesellschaftliche Regeln. Die Kenntnis darüber schützt uns vor gravierenden Konflikten. Werte sind die Basis einer Kultur, und wenn sie verletzt werden, ist der Schaden meist kaum wieder gutzumachen. Das gilt auch für eine konfliktfreie Arbeitsorganisation. Hier ist der Respekt vor dem Zeitverständnis unserer Gesprächspartner und vor allem deren Einverständnis zum Ablauf sehr wichtig. Das gilt genauso für den Umgang mit Führung. Unsere Gesprächspartner werden uns folgen und uns keine Widerstände entgegensetzen, wenn wir in der Führungsrolle ihre Werte respektieren und uns um echte Verständigung bemühen.

13.7 Die Strategie: Die kulturelle Landkarte erweitern – Konflikte begrenzen

Um vor allem sprachliche Missverständnisse bei der Kommunikation zu vermeiden, ist es hilfreich, wenn zum Beispiel der Moderator eines Meetings alle 30 Minuten einmal zusammenfasst, an welchem Punkt die Teilnehmer gerade stehen.

Neben der verbalen und schriftlichen Kommunikation stellt die Körpersprache einen wichtigen Bereich der internationalen Verständigung dar, der mehr vom Unterbewusstsein gesteuert ist. In Europa gibt es viele Variationen der Körpersprache, aber auch viele Gemeinsamkeiten, was Gesten und Gesichtsausdruck betrifft. Wenn wir in einem internationalen Umfeld arbeiten, ist es sehr wichtig, in diesem Bereich Fachkenntnisse über die Ausdrucksweisen unserer Gesprächspartner zu erwerben, um Missverständnisse zu vermeiden.

Im Hinblick auf die Organisation sind genaue Kenntnisse der Kulturen, mit denen wir umgehen, zentral. Wie werden dort Geschäfte gemacht? Wie entscheidend ist zum Beispiel in romanischen Ländern die Schaffung eines informellen Rahmens, wie ein Mittagessen oder ein gemeinsamer Abend? Gerade davon hängt der Erfolg oder Misserfolg eines Geschäfts ab.

Dasselbe gilt für die Ausübung der Führungsrolle. Allgemeinen Führungsqualitäten wie Empathie, also gutes Zuhören und echtes Verstehen sowie Toleranz kommt im internationalen Umfeld eine besondere Bedeutung zu.

Wenn wir aber innerhalb Europas schon so unterschiedlich denken und handeln, wie können wir dann zu gemeinsamen Ergebnissen finden? Hierfür ist es wichtig, zunächst einmal das Bewusstsein der eigenen Kultur zu schärfen und zu entwickeln und andere Kulturen zu erforschen. Wir können und wollen nicht alle gleich werden, aber sollten zumindest versuchen, in unserer Denkweise kosmopolitischer zu sein.

Wie können wir das erreichen? Zum Beispiel, indem wir unsere Klischees über andere Kulturen „kreativ" nutzen. Also zum Beispiel statt: „Franzosen brauchen immer so viel Zeit zum Mittagessen" „Franzosen nutzen den informellen Rahmen von Mittagessen, um ihre Gesprächspartner kennen zu lernen. Das Vertrauen, das sie dadurch gewinnen, fördert geschäftliche Absprachen". Damit erweitern wir unsere eigene kulturelle Landkarte.

Gerade internationale Unternehmen müssen kulturelle Überlegungen zum Teil ihrer strategischen Planung machen – die Kenntnis einer anderen Kultur und der Respekt vor ihr bringen immer Wettbewerbsvorteile.

Das Bewusstsein über die eigene Kultur, Kenntnisse über andere Kulturen und besseres Verständnis bedeutet bessere Geschäftserfolge.

13.8 Übung

Zum Beispiel: Was wissen Sie über die Kultur des Landes, mit dem Sie beruflich am meisten zu tun haben?

Wie gut beherrschen Sie seine Sprache auf der Skala von 1 (sehr gut) bis 10 (gar nicht)?

Was sind die drei wichtigsten Merkmale der Arbeitsorganisation?

Wie sieht die Führungsrolle aus? Nennen Sie fünf Charakteristika, die Ihnen im Umgang mit Macht und Hierarchien aufgefallen sind.

Nennen Sie fünf wichtige Werte, die Sie kennen gelernt haben.

Wie wichtig ist Individualismus, auf der Skala von 1 (sehr wichtig) bis 5 (unwichtig)?

Wie sieht der Umgang mit unvorhersehbaren Ereignissen und Unsicherheiten aus? Bitte nennen Sie drei Merkmale.

Zur persönlichen Auswertung der Übung

Was wissen Sie über Ihre eigene Kultur?

Wie gut beherrschen Sie Ihre Sprache im Hinblick auf Ausdruck und Grammatik auf der Skala von 1 (sehr gut) bis 10 (gar nicht)?

Was sind Ihre drei wichtigsten Merkmale der Arbeitsorganisation?

Wie üben Sie Ihre Führungsrolle aus? Nennen Sie fünf Charakteristika, die Ihnen im Umgang mit Macht und Hierarchien wichtig sind.

Nennen Sie fünf wichtige Werte für Ihr Berufsleben.

Wie wichtig ist in Ihrer Kultur Individualismus, auf der Skala von 1 (sehr wichtig) bis 5 (unwichtig)?

Wie sieht der Umgang mit unvorhersehbaren Ereignissen und Unsicherheiten aus? Bitte nennen Sie drei Merkmale.

Was ist Ihre wichtigste Erkenntnis aus dieser Übung?

Schlusswort

Beim Lesen der hier dargestellten Konflikte haben Sie möglicherweise eigene Kontroversen im Berufsleben wiedererkannt oder festgestellt, dass Sie ähnliche Probleme haben. Lassen Sie sich nicht entmutigen. Versuchen Sie vor allem, Kommunikationspannen und Missverständnisse soweit wie möglich zu vermeiden. Pannen erkennen Sie daran, dass es um die Aufklärung von Sachverhalten geht. Hier erleichtert die Lösung alle Beteiligten; es gibt keine Sieger oder Verlierer.

Echte Konflikte zeigen sich an widersprüchlichen Aspekten eines Themas. Versuchen Sie sich hier aller Bewertungen von „richtig" oder „falsch" zu enthalten. Sie werden feststellen, dass das sehr schwierig ist. Echte Konflikte haben einen Sinn und meist durchaus Vorteile, auch wenn sich uns das im konkreten Fall nicht sofort erschließt. Die Komplexität eines Konflikts, auch die in der Regel dazu zählende Vielfalt von Meinungen, hat einen klaren Nutzen: Möglicherweise zeigen sich dadurch neue Lösungsansätze, die ohne den Konflikt an dieser Stelle nicht zutage getreten wären. Konflikte können zum Beispiel ein Symptom dafür sein, dass „alte" Methoden einer Veränderung weichen sollten. Fazit ist: nicht unterschiedliche Interessen und Meinungen sind das Problem, sondern wie wir mit ihnen umgehen.

Mit meinem Buch möchte ich Sie anregen, echte Konflikte zu erkennen und zu lösen. Wenn Sie denken: „Bei mir sind die äußeren Umstände aber so, dass ich selbst kaum Einfluss auf den Konflikt nehmen kann", sollten Sie sich die Frage stellen, ob und wie lange Sie Ihre Konflikte aushalten können oder wollen, und wie sich das langfristig auf Ihre Persönlichkeit und Ihre Arbeit auswirkt. „Love it, change it or leave it" sollte hier die Maxime sein, um Sie davor zu bewahren, Situationen auszuhalten, die Sie demotivieren, Ihre Arbeitsleistung bremsen und Ihrer Karriere Schaden zufügen.

Konflikte sind für unsere persönliche und berufliche Weiterentwicklung als Führungskraft nützlich und wichtig. Wo sich etwas verändern soll, gehört der Konflikt dazu. Wer ihn nicht will, bringt als Manager kaum etwas voran. Wenn Sie allerdings mit einem Konflikt konfrontiert sind, bei dem Sie selbst weder einen Ansatzpunkt für die Lösung finden noch Verbündete mobilisieren können, rate ich Ihnen zu professioneller Unterstützung, möglichst bereits im frühen Stadium Ihres Problems. Ein erfahrener Mediator und Konfliktmanager wird mit Ihnen einen Weg zur Lösung finden. Und das kann Ihnen langfristig viel persönliches und berufliches Leid ersparen.

Nach Heraklit kann niemand zweimal in denselben Fluss steigen, denn das Wasser des Flusses erneuert sich ständig. Das gilt auch für unsere Arbeitswelt, die ihrem natürlichen Lauf folgt, jedoch mit abwechslungsreichen Windungen und Wirbeln. Wo alles in Bewegung ist, ist es umso wichtiger, den eigenen Kurs zu halten und an den eigenen Fähigkeiten zu arbeiten, mit diesen ständigen Veränderungen – und damit einhergehenden Konflikten – umzugehen. Ich wünsche Ihnen dabei viel Erfolg!

Literaturverzeichnis

BERKEL, KARL; HERZOG, RAINER, Unternehmenskultur und Ethik, Heidelberg 1997, Der persönliche Erfolg, Landsberg am Lech 1999.

BIRKENBIHL, VERA, Der persönliche Erfolg, Landsberg am Lech 1999.

BJORK HARRIS, AMY; HARRIS, THOMAS, Einmal o.k. – immer o.k, Reinbek bei Hamburg 1990.

COVEY, STEPHEN, The Seven Habits of Highly Effective People, New York 1989.

COVEY, STEPHEN R.; MERRILL, ROGER; MERRILL, REBECCA R., Der Weg zum Wesentlichen, Frankfurt a.M. 1999.

CZWALINA, JOHANNES, Zwischen Leistungsdruck und Lebensqualität, Oberursel 2003.

DRUCKER, PETER; PASCHEK, PETER (Hg.), Kardinaltugenden effektiver Führung, Frankfurt a. M. 2004.

FISCHER-EPE, MAREN, Coaching: Miteinander Ziele erreichen, Reinbek bei Hamburg 2002.

FISCHER-EPE, MAREN; EPE, CLAUS, Stark im Beruf – erfolgreich im Leben, Reinbek bei Hamburg 2004.

FISHER, ROGER; URY, WILLIAM, Das Harvard-Konzept, Frankfurt a. M. 2000.

GLASL, FRIEDBERT, Konfliktmanagement, 7. Auflage, Stuttgart 2004.

GREVE, SUSANNE, Unternehmenskulturen im internationalen Vergleich – die Frage nach kulturbedingten Unterschieden in Unternehmen, Berlin 2002.

HARRIS, THOMAS, Ich bin o.k. – Du bist o.k., Eine Einführung in die Transaktionsanalyse, Reinbek bei Hamburg 1975.

HOFSTEDE, GEERT, Lokales Denken, globales Handeln: Interkulturelle Zusammenarbeit und globales Management, München 2001.

KAREN, ROBERT, Becoming Attached: First Relationships And How They Shape Our Capacity To Love, New York 1998.

KAREN, ROBERT, The Forgiving Self: The Road From Resentment To Connection, New York 2001.

KATIE, BYRON, Loving What Is: Four Questions That Can Change Your Life, New York 2003.

LAY, RUPERT, Führen durch das Wort, München 1978.

MALETZKE, GERHARD, Interkulturelle Kommunikation, Opladen 1996.

MINDELL, ARNOLD, Mitten im Feuer, Gruppenkonflikte kreativ lösen, München 1999.

REISS, STEVEN, Who am I? The 16 basic desires that motivate our action and define our personalities, New York 2000.

ROSENBERG, MARSHALL B., Gewaltfreie Kommunikation: Aufrichtig und einfühlsam miteinander sprechen – Neue Wege in der Mediation und im Umgang mit Konflikten, Paderborn 2001.

SCHULZ VON THUN, FRIEDEMANN; RUPPEL, JOHANNES; STRATMANN, ROSWITHA, Miteinander reden: Kommunikationspsychologie für Führungskräfte, Reinbek bei Hamburg 2000.

SCHWARZ, GERHARD, Konfliktmanagement, 6. Auflage, Wiesbaden 2003.

SPENCER-OATEY, HELEN, Culturally Speaking, New York 2000.

STENZEL, PAMELA, Interkulturelle Kompetenz als Managementtool im wirtschaftlichen Umfeld, Berlin 2003.

THOMAS, ALEXANDER; KAMMHUBER, STEFAN; SCHROLL-MACHL, SYLVIA (Hg.), Handbuch Interkulturelle Kommunikation und Kooperation, Göttingen 2003.

WIRTH, HANS-JÜRGEN, Narzissmus und Macht, Gießen 2002.

Die Autorin

Mechthild Bülow berät Unternehmen strategisch und politisch. Als Wirtschafts-Mediatorin und Beraterin coacht sie Vorstände und Manager multinationaler Unternehmen sowie Führungskräfte in Ministerien, Institutionen und Verbänden.  Als Public Affairs Consultant unterstützt Mechthild Bülow international tätige Manager und ihre Teams bei der politischen Lobby-Arbeit und ihrer Strategie-Entwicklung. Darüber hinaus erarbeitet sie mit ihnen praxisorientierte Kommunikationslösungen zu Themen wie interkulturelle Kompetenz und Konfliktmanagement.

Mechthild Bülow war über 15 Jahre in Führungspositionen in der Wirtschaft und Politik, im In- und Ausland, tätig, u. a. für die US-Botschaft und bei Procter & Gamble. Ihre Arbeitssprachen sind Deutsch, Englisch und Italienisch.

Weitere Informationen unter www.mechthildbuelow.com

Erfolgreich führen

Führung auf den Punkt gebracht

Das Buch vermittelt praktische und nachvollziehbare Erfahrungen anhand von Praxisbeispielen, die der Leser auf seine individuellen Fragestellungen transformieren kann. Hochrangige Wirtschaftsexperten schildern ihre Erfahrungen. Neueste wissenschaftliche Erkenntnisse werden mit immer wiederkehrenden Eckpunkten der Führung verbunden. Dabei gilt immer: Führung ist vor allem eine Frage der eigenen Persönlichkeit.

Gerhard Hölzerkopf
Führung auf den Punkt gebracht
12 praktische Handreichungen
2005. Ca. 212 S. Geb.
Ca. EUR 36,00
ISBN 3-409-12721-6

Praktische Mitarbeitermotivation – gerade in schwierigen Zeiten

Die erfahrenen Berater zeigen, wie der auch unter zunehmendem Druck stehende Entscheidungsträger künftig alle fachlichen, sozialen und psychologischen Faktoren von Führung erfolgreich beherrschen und situativ anpassen kann: Jenseits einer Gebrauchsanweisung bieten Sie einen "Baukasten der Führungselemente" mit vielen praktischen Beispielen und Lösungsvorschlägen aus Unternehmens- und Beratungalltag

Rita Strackbein / Dirk Strackbein
Führen mit Power
In stürmischen Zeiten erfolgreich entscheiden
2005. Ca. 208 S. Geb.
Ca. EUR 34,90
ISBN 3-409-12374-1

Wie Sie eine Kultur des Wollens erzeugen

Die heutige Managementpraxis zerstört nachhaltig die Motivation der Mitarbeiter, die grundsätzlich vorhanden ist – so die These des Autors. Dieses Buch zeigt, wie es gelingt, eine Kultur des Vertrauens und des Wollens zu schaffen. Heribert Schmitz plädiert eindringlich für eine Führungskultur, die Leistung und Innovation wirklich fördert.

Heribert Schmitz
Raus aus der Demotivationsfalle
Wie Sie Motivation, Innovation und Leistung fördern
2005. Ca. 212 S.Geb.
Ca. EUR 34,90
ISBN 3-409-03444-7

Änderungen vorbehalten. Stand: Januar 2005.
Erhältlich im Buchhandel oder beim Verlag.

Gabler Verlag · Abraham-Lincoln-Str. 46 · 65189 Wiesbaden · www.gabler.de